# QuickVeggie

# QuickVeggie

Rezepte: Sunil Vijayakar

Jedes Gericht in drei Varianten
30 Minuten | 20 Minuten | 10 Minuten

First published in Great Britain in 2012 by Hamlyn, an imprint of Octopus Publishing Group Ltd, Endeaver House, 189 Shaftesbury Avenue, London WC2H 8JY. Titel der englischen Originalausgabe:
Hamlyn QuickCook: Vegetarian. All rights reserved. © 2012 Octopus Publishing Group Ltd, London, GB

Für die deutsche Ausgabe: © 2012 Neuer Umschau Buchverlag GmbH, Neustadt an der Weinstraße
5. Auflage 2015

Alle Rechte an der Verbreitung in deutscher Sprache, auch durch Film, Funk, Fernsehen, fotomechanische Wiedergabe, Tonträger aller Art, auszugsweisen Nachdruck oder Einspeicherung und Rückgewinnung in Datenverarbeitungsanlagen aller Art, sind vorbehalten.

Die Inhalte dieses Buches sind von Herausgeber und Verlag sorgfältig erwogen und geprüft, dennoch kann eine Garantie nicht übernommen werden. Eine Haftung von Herausgeber und Verlag für Personen-, Sach-, und Vermögensschäden ist ausgeschlossen.

Rezepte: Sunil Vijayakar
Übersetzung: Das Korrektiv
Lektorat: Aina Keller, Andreas Rommelspacher, Hamburg
Herstellung: Andreas Rommelspacher, Hamburg

Printed and bound in China

ISBN: 978-3-86528-764-9

Besuchen Sie uns im Internet: www.umschau-buchverlag.de

Alle Rezepte gehen von den folgenden Mengenumrechnungen für Löffel-Maßangaben aus:
1 Esslöffel (Flüssigkeit oder gestrichen) = 15 ml
1 Teelöffel (Flüssigkeit oder gestrichen) = 5 ml

Bitte heizen Sie Ihren Ofen auf die angegebene Temperatur vor. Bei Heißluft- oder Umluftöfen folgen Sie bitte den Angaben des Herstellers zu Backtemperaturen und -zeiten.

Bitte verwenden Sie für die Rezepte mittelgroße Eier, sofern nicht anders angegeben. Dieses Buch enthält einige Rezepte mit rohen oder nur kurz gekochten Eiern. Gesundheitlich anfällige Personen (Schwangere, stillende Mütter, ältere Menschen, Kranke, Babys und Kleinkinder) sollten Gerichte mit ungekochten oder nur kurz gekochten Eiern meiden.

Dieses Buch enthält Rezepte, in denen Nüsse und Nussprodukte verwendet werden. Allergiker und Menschen, die anfällig für allergische Reaktionen gegen Nüsse sind (Schwangere, stillende Mütter, ältere Menschen, Kranke, Babys und Kleinkinder), sollten Rezepte mit Nüssen und Nussöl meiden. Wir empfehlen außerdem, die Etiketten der verwendeten Produkte auf Angaben zu enthaltenen Nüssen und/oder Nussprodukten zu prüfen.

# Inhalt

Einleitung 6
Rezeptideen 12

## Snacks und Leichtes für zwischendurch 20
Rezepte nach Zubereitungszeit 22

## Suppen und Salate zum Sattwerden 66
Rezepte nach Zubereitungszeit 68

## Schnelle Küche für jeden Tag 120
Rezepte nach Zubereitungszeit 122

## Kochen für Gäste 174
Rezepte nach Zubereitungszeit 176

## Dessert-Express 226
Rezepte nach Zubereitungszeit 228

Stichwortregister 280

# Einleitung

### 30, 20, 10 – schnell, schneller, am schnellsten
Mit diesem Kochbuch lässt sich auch mit wenig Zeit lecker kochen: Wählen Sie einfach das Rezept, das am besten zu Ihrem Zeitplan passt. Anregungen und Motivation für jeden Tag des Jahres finden Sie auf den folgenden Seiten.

### Und wie funktioniert's?
Jedes der Rezepte kann auf drei Arten zubereitet werden: als 30-Minuten-Version, 20-Minuten-Version oder als super-schnelle 10-Minuten-Version. Am Anfang eines Kapitels sind alle Rezepte nach Zubereitungszeit aufgeführt. Wählen Sie aus, wofür Sie gerade Zeit haben und schlagen Sie die entsprechende Seite auf.

Auf jeder Doppelseite finden Sie ein Hauptrezept mit Foto und darunter zwei Varianten mit jeweils unterschiedlicher Zubereitungszeit.

Hat es Ihnen geschmeckt? Dann probieren Sie doch die anderen Versionen. Sie haben Lust auf Ravioli mit Süßkartoffeln, Tomaten und Rucola (20 Minuten), aber nur 10 Minuten Zeit? Dann kürzen Sie ab und machen Sie einen Pastasalat daraus.

Sie mochten die Zutaten und den Geschmack der Udon-Nudelpfanne mit Spargel (10 Minuten, S. 218)? Dann probieren Sie doch auch die Udon-Nudelsuppe mit Spargel und Bohnen (20 Minuten) oder lassen Sie sich zu den zeitaufwändigeren Udon-Pfannkuchen mit gegrilltem Spargel inspirieren.
Oder Sie wählen eines der 360 Rezepte und kochen dann die Version, die am besten zu Ihrem Zeitbudget passt.

Noch mehr Inspiration finden Sie auf den Seiten 12 bis 19: Dort sind die Rezepte nach Themen geordnet, zum Beispiel *Alles aus einem Topf* oder *Hits für Kids*.

## Vegetarische Küche

Wer sich gesund ernähren möchte, ist mit der vegetarischen Vielfalt gut beraten. Auf dem Speiseplan stehen dann viel Vollkorngetreide (Bulgur, Couscous, Mais, Hafer, Hirse und Quinoa) und Vollkornprodukte, eiweißreiche Hülsenfrüchte, Linsen, Nüsse sowie Eier und natürlich viel frisches Obst und Gemüse. Einen kleineren Anteil haben Milchprodukte und laktosefreie Alternativen.

Komplexe Kohlehydrate sind für die ausgewogene Ernährung und den Energiehaushalt besonders wichtig. Ihr hoher Gehalt an Ballaststoffen sorgt dafür, dass die Energie langsamer freigesetzt wird. Ballaststoffe sorgen außerdem für eine gesunde Verdauung. Besonders reich an komplexen Kohlehydraten sind Vollkornbrot und -nudeln, Naturreis, Gerste, Mais, Buchweizen und auch Bananen. Ballaststoffe finden sich vor allem in Erbsen und Bohnen sowie in verschiedenen Kohlsorten (Weißkohl, Brokkoli und Rosenkohl), Haferflocken und Vollkornweizen.

Eiweiß ist wichtig für Zellwachstum und Zellerneuerung und kann auch aus nichttierischen Quellen stammen. Gute pflanzliche Eiweißlieferanten sind Nüsse und Samen, Sojaprodukte, Erbsen, Bohnen, Kichererbsen und Linsen.

## Kochtechniken und Tipps

Kreativ kochen bedeutet nicht unbedingt, dass Sie viel Zeit in der Küche verbringen müssen. Mit den Rezepten in diesem Buch zaubern Sie im Handumdrehen köstliche vegetarische Gerichte mit pflanzlichen Zutaten und einigen Extras aus einer gut sortierten Vorratskammer.

Legen Sie sich einen guten Gewürzvorrat an, bevor Sie sich auf die Reise durch die vegetarische Küche machen. Würzsaucen, Kräuter und Gewürze mit ihren unterschiedlichen Aromen, Farben und Texturen bringen Pep in jede Mahlzeit.

In einer gut ausgestatteten Küche geht das Kochen noch besser von der Hand. Zwei Töpfe in verschiedenen Größen, eine Bratpfanne und ein Wok gehören ebenso zur Ausstattung wie eine Küchenwaage, Salatschleuder und Küchenmaschine fürs schnelle Rühren und Mixen.

Das Geheimnis der schnellen Küche steckt in Ihrer Vorratskammer: Haben Sie erst einen soliden, vielseitigen Vorrat aufgebaut, können Sie noch mehr Rezepte kurzfristig kochen. Prüfen Sie Ihre Vorräte regelmäßig und füllen Sie auf, was zur Neige geht.

## Grundausstattung

Zu den unentbehrlichen Grundnahrungsmitteln gehören verschiedene Pastasorten wie Linguini, Spaghetti, Fusilli, Penne und Orzo (Risoni) ebenso wie Reis (Basmati-, Natur-, Jasmin-, Risotto- und Paellareis), Bulgur, Couscous, Polenta und Quinoa. Mehl ist unverzichtbar für Saucen und Crumbles. Kichererbsenmehl eignet sich hervorragend für würzige Panaden.

Schnell kochende Hülsenfrüchte wie Puy-Linsen, rote Linsen und gelbe Erbsen sind praktisch für schnelle Gerichte, und ein guter Vorrat an Kidneybohnen, Kichererbsen, Augenbohnen, Cannellinibohnen und Limabohnen ist sehr nützlich.

Nüsse und Samen sind nicht nur gesund, nahrhaft und lecker, sie geben auch vielen Gerichten das gewisse Extra. Sonnenblumenkerne, Sesam, Cashewnüsse, Mandeln, Pistazien und Walnüsse ergänzen vegetarische Gerichte auf wertvolle Art.

Dosentomaten und passierte Tomaten stecken voller Aromen und sind eine ideale Grundlage für schnelle Saucen, Currys und Eintöpfe.

Hochwertiges Oliven-, Sonnenblumen-, Pflanzen- und Sesamöl ist ideal zum Kochen, speziell für Pfannengerichte. Rotwein- und Weißweinessig, Balsamico-, Apfel- und Reisweinessig wiederum sind für schnelle Salatdressings und Saucen unentbehrlich.

## Kräuter und Gewürze

Ein gut gefülltes Gewürzregal lässt viele Experimente zu, eigentlich können Sie gar nicht genug getrocknete Kräuter und Gewürze haben. Kaufen Sie jedoch immer nur kleine Mengen ein und verbrauchen Sie diese möglichst innerhalb von drei Monaten.

Es empfiehlt sich eine solide Auswahl an getrockneten Kräutern (Basilikum, Thymian, Oregano, Estragon, Rosmarin und Petersilie), ganzen Gewürzsamen (Kumin, Koriander, schwarze Senfkörner, Nelken, Kardamom und Zimtstangen) und gemahlenen Gewürzen (Kumin, Zimt, Koriander, Chili, Rosenpaprika und Kurkuma). Meersalz und frisch gemahlener schwarzer Pfeffer sind unverzichtbar.

Legen Sie sich auch einen Grundstock an Saucen, Senf und anderen Würzmitteln an. Sojasauce, süß-scharfe Chilisauce, Tabasco und Worcestershiresauce gehören in jede Küche. Honig und Ahornsirup eignen sich sehr gut zum Süßen.

## Frische Zutaten

Die Zutaten für eine schnelle Frischeküche kommen aus dem Kühlschrank und direkt vom Markt. Frische Pasta, Tofu, Käse, Butter, Milch, Sahne und Eier gehören unbedingt dazu. Ebenso Zitronen, Limetten, rote Chilischoten, frischer Ingwer, Frühlingszwiebeln und frische Kräuter. Kaufen Sie nach Möglichkeit saisonales Obst und Gemüse aus der Region. Knoblauch, Zwiebeln, Kartoffeln, Schalotten, Karotten und andere Wurzelgemüse sowie die meisten Früchte halten sich in der Vorratskammer einige Tage lang frisch.

# Leckeres mit Käse

Das ultimative Futter für die Seele: Rezepte mit Käse zum Genießen und Sattwerden

Gebackener Ziegenkäse mit Honig und Pistazien 24

Camembert-Fondue mit Honig und Walnüssen 36

Mozzarellakugeln in Chilipanade mit frischem Pesto und Aïoli 52

Würzige Paneer-Bruschetta 56

Salat mit Wassermelone, grünen Bohnen und Feta 100

Gegrillter Halloumi mit Paprika und Rucola 116

Blumenkohlauflauf 156

Räucherkäse-Quesadillas mit Paprika-Spinat-Füllung 164

Crêpes mit Spargel und Fontina 180

Estragon-Cheddar-Omelett 188

Frittierter Halloumi im Bierteig 192

Soufflé mit Brokkoli und Blauschimmelkäse 210

# Nudeln und Pasta

Gesund und herzhaft: Pasta und Nudeln sind das bessere Fastfood

Warmer Nudelsalat mit Zitrone und Brokkoli  94

Schneller Pastasalat mit eingelegtem Gemüse  102

Griechischer Nudelreis mit Zucchini-Käsecreme  128

Nudelsalat mit Spinat, Kirschtomaten und Blauschimmelkäse  140

Linguini mit Grünkohl-Pecorino-Pesto  144

Pasta mit Spargel, Bohnen und Pesto  148

Rigatoni mit frischen Tomaten, Chili, Knoblauch und Basilikum  152

Tomaten-Auberginen-Papardelle  160

Asiatischer Sommersalat mit kalten Soba-Nudeln  168

Tortellini-Rucola-Salat mit gegrillten Paprika  170

Kürbis-Salbei-Tagliatelle  184

Ravioli mit Süßkartoffeln, Tomaten und Rucola  190

# Alles aus einem Topf

Wenn die Zeit knapp ist: schnelle Eintopfgerichte für Genießer

Spinat-Kartoffel-Tortilla 50

Deftige Pilzsuppe 74

Orientalische Reissuppe mit Gemüse und Ei 84

Rote-Linsensuppe mit Spinat 86

Sommeromelett auf griechische Art 130

Bohnen-Tomaten-Chili 146

Spiegeleier im Western-Stil 150

Spinat-Dal mit Kirschtomaten 154

Brokkoli und Pilze mit Nudeln in Schwarze-Bohnen-Sauce 182

Malaiischer Kokos-Gemüse-Eintopf 194

Limabohnen-Gemüseauflauf mit Nussstreuseln 222

Brombeer-Crumble 236

# Hits für Kids

Lieblingsgerichte für kleine Gourmets

Schichttortilla mit Mais und Bohnen 40

Maispuffer mit Avocadosalsa 46

Vegetarische Frühlingsrollen 62

Schnelle Gemüsepizza 124

Gemüsereispfanne 158

Blätterteigtarte mit Pesto und Antipasti 198

Blitz-Ratatouille 200

Pfannkuchen mit Frühlingszwiebeln, Dill und Schnittlauch 212

Schnelle Mini-Zitronenbaiser-Tartes 230

Joghurt-Beeren-Töpchen mit Honig 234

Arme Ritter mit Blaubeeren und roten Johannisbeeren 246

Schokoladenfondue mit Früchten und Marshmallows 258

# Pikant und würzig

Gerichte mit dem Extra-Kick

Zuckermais vom Grill mit Chilikräuterbutter 26

Bulgursalat mit gegrillten Paprika auf Salatherzen 30

Scharfe frittierte Zwiebeln mit Minze-Koriander-Relish 38

Bruschetta mit Chili-Tomaten-Bohnen 42

Würzige Kartoffel-Sellerie-Suppe 70

Scharfe jamaikanische Maissuppe 82

Maissalat Tex-Mex 162

Vegetarisches Phad Thai 186

Nasi Goreng 196

Scharfe Szechuan-Pfanne mit Tofu und Gemüse 204

Schneller Curry-Ei-Salat 224

Pikant karamellisierte Ananas mit Rum 260

# Lieblingsfrüchtchen

Da stecken Vitamine drin: leckere Rezepte mit Obst

Chicorée mit Gorgonzola, Birne und Walnüssen 28

Apfel-Rote-Bete-Suppe 72

Fruchtiger Kartoffelsalat 106

Couscoussalat mit Paprika und eingelegter Zitrone 110

Quinoa-Zucchini-Salat mit Granatapfelkernen 118

Pikanter bunter Frucht-Pilaw 178

Kräuter-Zitronen-Risotto 216

Gebackene Amarettofeigen 232

Sommerbeerensorbet 248

Schichtdessert mit Pfirsichen und Himbeeren 254

Wassermelone mit Grenadine-Limetten-Sirup 268

Frittierte Bananen mit Limetten-Kokos-Panade 274

# Frühlingsfrische

Die schönsten Rezepte der Saison

Pochierte Eier Florentine Deluxe 32

Erbsensuppe mit Salat und Estragon 76

Gekühlte grüne Gazpacho 80

Vegetarischer Caesar's Salad mit Kräuter-Knoblauch-Croutons 92

Kachumbar-Basmati-Salat 108

Grünes Gemüsecurry 134

Deftige Pilzesuppe italienische Art mit Polenta 136

Pfannkuchen mit Kräutern und Pilzsahne 172

Couscoussalat mit gegrilltem Gemüse 202

Beeren-Baiser-Sahne 252

Schichtdessert mit Rhabarber, Orange, eingelegtem Ingwer 256

Cremige Erdbeer-Biskuit-Torte 264

# Herbstgenuss

Bringen Wärme und Licht in graue Tage

Auberginenröllchen mit Joghurt-Tomaten-Füllung  34

Cremige Estragonpilze auf Brioche-Toast  44

Herzhafte Minestrone  78

Warmer marokkanischer Bulgursalat mit gegrilltem Gemüse  96

Eintopf aus Augenbohnen und roter Paprika  126

Rote-Bete-Pasta mit Kräutern  132

Bulgur-Kichererbsen-Salat mit Kräutern  166

Herbstliche marokkanische Gemüse-Tajine  206

Sautierte Auberginen mit Harissa  208

Kirsch-Vanille-Brûlée  238

Schokoladenküchlein mit flüssigem Kern  240

Schottische Pfannkuchen mit Eis und Schokoladensauce  242

# QuickVeggie
# Snacks und Leichtes für zwischendurch

# Rezepte nach Zubereitungszeit

## 30

| | |
|---|---|
| Gebackener Ziegenkäse mit Honig und Pistazien | 24 |
| Zuckermais-Kräuter-Frittata | 26 |
| Gebackener Chicorée mit Gorgonzola | 28 |
| Bulgursalat mit gegrillten Paprika auf Salatherzen | 30 |
| Pochierte Eier Florentine deluxe | 32 |
| Auberginenröllchen mit Joghurt-Tomaten-Füllung | 34 |
| Pasta mit Camembert und Walnüssen | 36 |
| Scharfe frittierte Zwiebeln mit Minze-Koriander-Relish | 38 |
| Schichttortilla mit Mais und Bohnen | 40 |
| Gratin mit Gemüse und Cannellinibohnen | 42 |
| Pilz-Estragon-Risotto | 44 |
| Maispuffer mit Avocadosalsa | 46 |
| Pasta mit Minz-Oliven-Feta-Pesto und gegrilltem Gemüse | 48 |
| Spinat-Kartoffel-Tortilla | 50 |
| Nudelauflauf mit Büffelmozzarella und Pesto | 52 |
| Kartoffel-Blinis mit Rote Bete und Schnittlauch | 54 |
| Palak Paneer (Spinat mit indischem Käse) | 56 |
| Frühlingszwiebel-Rösti mit Avocado-Zwiebel-Tomatensalsa | 58 |
| Nudelauflauf mit Zucchini-Mais-Creme | 60 |
| Vegetarische Frühlingsrollen | 62 |
| Gefüllte Eier mit Kapern | 64 |

## 20

| | |
|---|---|
| Salat mit gegrilltem Ziegenkäse, Birne, Radicchio und Pistazien | 24 |
| Zuckermais vom Grill mit Chilikräuterbutter | 26 |
| Chicorée-Bohnen-Schmortopf mit Gorgonzola | 28 |
| Bulgurtopf mit gegrillten Paprika und Tomaten | 30 |
| Spinat-Spargel-Tortilla | 32 |
| Couscoussalat mit Aubergine und Feta | 34 |
| Camembert-Fondue mit Honig und Walnüssen | 36 |
| Scharfe Kichererbsen-pfannkuchen | 38 |
| Scharfe Tortillachips mit Bohnendip | 40 |
| Bruschetta mit Chili-Tomaten-Bohnen | 42 |
| Cremige Estragonpilze auf Brioche-Toast | 44 |
| Erbsen-Minze-Puffer | 46 |
| Spinatsalat mit gegrilltem Feta und Pinienkernen | 48 |
| Spinat-Kartoffel-Eintopf | 50 |
| Mozzarellakugeln in Chilipanade mit frischem Pesto-Aioli | 52 |

# 10

| | | |
|---|---|---|
| Kartoffel-Schnittlauch-Suppe 54 | Überbackene Brote mit Ziegenkäse, Birne und Pistazien 24 | Colcannon (irischer Eintopf) mit Rote Bete und Schnittlauch 54 |
| Scharfe Paneer-Spieße 56 | Schnelle, scharfe Maissuppe 26 | Würzige Paneer-Bruschetta 56 |
| Frischer Salsa-Pasta-Salat 58 | Chicorée mit Gorgonzola, Birne und Walnüssen 28 | Gemüsesuppe mit Frühlingszwiebeln und Kartoffeln 58 |
| Mais-Zucchini-Küchlein 60 | Bulgursalat mit gegrillten Paprika und eingelegtem Gemüse 30 | Gemischte Blattsalate mit Mais 60 |
| Thai-Nudelpfanne mit Gemüse 62 | Warmer Spargelsalat mit Spiegelei 32 | Vegetarische Reispfanne 62 |
| Scharfe Rühreier 64 | Gefüllte Zucchiniröllchen 34 | Chili-Spiegeleier mit warmem Chapati 64 |
| | Überbackenes Brot mit Camembert, Walnüssen und gegrillter Tomate 36 | |
| | Scharfe Okra-Sticks 38 | |
| | Bohnen-Mais-Wraps 40 | |
| | Scharfe Tomaten-Bohnen-Suppe 42 | |
| | Dicke Pilzsuppe mit Estragon 44 | |
| | Rucola-Avocado-Salat mit Zuckermais 46 | |
| | Griechischer Pita-Salat 48 | |
| | Sautierte Spinatkartoffeln 50 | |
| | Tomatensalat Caprese mit Mozzarellakugeln 52 | |

# 30 Gebackener Ziegenkäse mit Honig und Pistazien

**Für 4 Personen**

8 Weinblätter, gut abgespült
  in kaltem Wasser
flüssige Butter zum Bestreichen
65 g Pistazienkerne
4 kleine Crottin de Chèvre
  (Ziegenrohmilchkäse)
4 TL Weißwein

*Für den Salat*
1 Knoblauchzehe, zerdrückt
2 EL Apfelessig
1 EL flüssiger Honig
6 EL Olivenöl extra vergine
2 Birnen, entkernt und in dünne
  Scheiben geschnitten
Blätter von 2 kleinen Radicchio
Salz und frisch gemahlener
  schwarzer Pfeffer

- Ofen auf 160 °C vorheizen.
- Weinblätter trocken tupfen, auf einer sauberen Arbeitsfläche flach drücken und jeweils zwei mit etwa einem Drittel Überlappung seitlich aneinanderlegen, sodass vier Paare entstehen. Mit etwas flüssiger Butter bestreichen und liegen lassen. Pistazien in einem kleinen Mixer grob zerkleinern.
- Käse mit der restlichen flüssigen Butter bestreichen und in den gemahlenen Pistazien wälzen. Je einen Käse in die Mitte eines Weinblattpaares setzen und mit Weißwein beträufeln. Die Weinblätter um den Käse wickeln und so ein kleines Paket formen, mit Küchengarn oder einem Zahnstocher befestigen. Käsepäckchen auf ein Backblech legen und 12–15 Minuten backen.
- In der Zwischenzeit den Salat zubereiten. Dazu Knoblauch, Essig, Honig und Gewürze verquirlen, dann nach und nach das Öl hinzugeben. Mit Birne und Radicchioblättern anrichten und stehen lassen.
- Ziegenkäse im Weinblatt servieren, sodass die Päckchen bei Tisch ausgepackt werden, dazu den Salat reichen.

---

 **Überbackene Brote mit Ziegenkäse, Birne und Pistazien** Ofen auf Grillstufe vorheizen. 4 Scheiben Graubrot mit 2 halbierten Knoblauchzehen einreiben, mit 1 EL Olivenöl beträufeln. 1 Birne in Scheiben schneiden und Brote damit belegen. Mit 100 g gehackten Pistazienkernen bestreuen, mit 2 in dünne Scheiben geschnittenen Crottin de Chèvre belegen. Im Ofen 2–3 Minuten überbacken, bis der Käse zu schmelzen beginnt. Mit Radicchiosalat anrichten.

 **Salat mit gegrilltem Ziegenkäse, Birne, Radicchio und Pistazien** Ofen auf mittlere Grillstufe vorheizen. 300 g Ziegenkäserolle in dicke Scheiben schneiden. Blätter von 1 Radicchio mit 1 EL Olivenöl und Gewürzen vermischen. 2 Birnen in Scheiben schneiden und mit Radicchio auf vier Tellern anrichten. Ziegenkäsescheiben auf Alufolie setzen und im vorgeheizten Backofen 2 Minuten backen, bis der Käse gerade geschmolzen ist. Auf die vier Teller verteilen, mit 4 EL Olivenöl und 2 EL Apfelessig beträufeln. Zum Schluss 100 g gehackte Pistazienkerne und 1 EL flüssigen Honig darübergeben, sofort servieren.

# Zuckermais vom Grill mit Chilikräuterbutter

**Für 4 Personen**
*Für die Chili-Kräuterbutter*
200 g weiche Butter
6 EL fein gehackter Dill
2 rote Chilischoten, entkernt und fein gehackt

4 Maiskolben

- Alle Zutaten für die Chili-Kräuterbutter vermischen und beiseitestellen.
- Die Maiskolben in je drei gleich große Stücke schneiden. In jedes dieser Maiskölbchen einen Holzstab oder Spieß stecken und auf den Grill legen oder in einer heißen Grillpfanne 4-5 Minuten braten, bis sie auf allen Seiten braun sind. Dabei häufig wenden.
- Die Maiskölbchen vom Grill oder aus der Pfanne nehmen, mit der Kräuterbutter bestreichen und sofort servieren.

---

 **Schnelle, scharfe Maissuppe**

400 g Mais aus der Dose, 4 geschnittene Frühlingszwiebeln, 1 entkernte und fein gehackte Chilischote, 100 g Crème double und 500 ml Gemüsebrühe in einen Kochtopf geben. Aufkochen, 2 EL gehackten Koriander einrühren und sofort servieren.

 **Zuckermais-Kräuter-Frittata**

Ofengrill sehr hoch vorheizen. 6 Eier in eine Schüssel geben, locker schlagen und würzen. Je 2 EL gehackte frische Kräuter zugeben: Koriander, Dill, Minze. 2 EL Olivenöl in einer mittelgroßen Pfanne erhitzen. ½ gehackte Zwiebel, 1 entkernte, gehackte Chilischote und 2 zerdrückte Knoblauchzehen 3–4 Minuten anbraten, 400 g Mais aus der Dose dazugeben und 2–3 Minuten braten, dabei rühren. Eimasse zugeben und bei mittlerer Hitze ca. 10 Minuten backen, bis die Unterseite fest ist. Dann die Pfanne in den Ofen stellen (oberste Schiene), 4–5 Minuten backen, bis die Oberseite fest und goldbraun ist. Aus dem Ofen nehmen, zerteilen und servieren.

# Chicorée mit Gorgonzola, Birne und Walnüssen

**Für 4 Personen**

1 reife Birne, entkernt und gewürfelt
2 EL Crème fraîche
65 g Gorgonzola, zerkrümelt
20 Chicoréeblätter, weiß oder rot (oder gemischt)
25 g Walnüsse, geröstet und grob gehackt
Olivenöl zum Beträufeln

- Birne, Crème fraîche und Gorgonzola in eine kleine Schüssel geben und vermengen.
- Chicoréeblätter auf einer Servierplatte anrichten und auf jedes Blatt einen Klecks der Birnen-Gorgonzola-Mischung geben.
- Die gehackten Walnüsse über die Füllung streuen, mit etwas Olivenöl beträufeln und servieren.

### Chicorée-Bohnen-Schmortopf mit Gorgonzola

4 Chicorée längs vierteln, dabei den Stumpf dranlassen. 100 g Butter in einer großen Pfanne zerlassen, den Chicorée dazugeben und 4–5 Minuten goldbraun braten, dabei gelegentlich wenden. 2 dünn geschnittene Lauchstangen, 400 g weiße Bohnen aus der Dose, abgegossen, 200 ml Gemüsebrühe, 2 TL Zucker, 100 g zerkrümelten Gorgonzola und 4 EL Crème fraîche zugeben. Aufkochen und bedeckt 6–8 Minuten köcheln lassen. Chicorée wenden und bei größerer Hitze weitere 1–2 Minuten kochen, bis der Lauch gar ist und die Sauce dickflüssig. Direkt servieren, dazu knuspriges Brot reichen.

### Gebackener Chicorée mit Gorgonzola

Ofen auf 180 °C vorheizen. 8 große rote Chicorées in eine Auflaufform geben, die groß genug ist, dass alle Chicorées eng nebeneinander den Boden bedecken. Mit 6 EL Olivenöl beträufeln und nach Geschmack würzen. 100 g zerkrümelten Gorgonzola und den Saft von 1 Zitrone darübergeben. Im vorgeheizten Ofen 20 Minuten backen. Aus dem Ofen nehmen, mit 4 EL gehackten, gerösteten Walnüssen betreuen und direkt aus der Auflaufform servieren.

# Bulgursalat mit gegrillten Paprika auf Salatherzen

**Für 4 Personen**

200 g Bulgur
1 EL Tomatenmark
Saft von 1 ½ Zitronen
5 EL Olivenöl extra vergine
1 rote Chilischote, fein gehackt
200 g gegrillte rote Paprika aus dem Glas, abgegossen und gewürfelt
8 Frühlingszwiebeln, fein geschnitten
300 g Tomaten, gewürfelt
50 g grob gehackte glatte Petersilie
25 g grob gehackte frische Minze
Blätter von 4 Salatherzen
Salz

- Bulgur in eine Schüssel geben, mit 125 ml kochendem Wasser übergießen, rühren und 10–15 Minuten bedeckt quellen lassen, bis der Bulgur weich ist.
- Tomatenmark, Zitronensaft, Olivenöl, Chilischote und etwas Salz zugeben und gründlich durchmengen.
- Gegrillte Paprika, Frühlingszwiebel und Tomaten zusammen mit den grob gehackten Kräutern zugeben und gut mischen.
- Salatblätter um den Rand einer Servierplatte arrangieren und Bulgursalat in die Mitte geben.

---

### 1 Bulgursalat mit gegrillten Paprika und eingelegtem Gemüse
Bulgur wie oben angegeben zubereiten und in eine Salatschüssel geben. 200 g eingelegte, gegrillte Auberginen, gegrillte rote Paprika und Champignons aus dem Glas klein gewürfelt mit dem Öl zum Bulgur geben. Zuletzt 1 gehackte rote Chilischote und 4 EL grob gehackte glatte Petersilie hinzufügen, gut vermischen und servieren.

### 2 Bulgurtopf mit gegrillten Paprika und Tomaten
Ofen auf mittlere Grillstufe vorheizen. Bulgur wie oben angegeben zubereiten und in eine mittelgroße, flache Auflaufform geben. 200 g gegrillte Paprika aus dem Glas, abgegossen, würfeln und zum Bulgur geben. 4 Flaschentomaten in Scheiben schneiden und den Bulgur mit den Scheiben bedecken. Mit 1 klein gehackten Chilischote bestreuen und mit 4 EL Olivenöl beträufeln. 5 Minuten auf mittlerer Grillstufe backen. 150 g Feta darüberkrümeln und 8 gehackte schwarze Oliven ohne Stein darüberstreuen. Den Auflauf weitere 4–5 Minuten auf Grillstufe backen, bis der Feta goldbraun ist. Anschließend sofort servieren.

# 30 Pochierte Eier Florentine deluxe

**Für 4 Personen**

12 grüne Spargelstangen, geschält
2 EL Butter zzgl. etwas zum Bestreichen
150 g frischer Spinat
1 Prise frisch geriebene Muskatnuss
2 Toastbrötchen
4 große Eier
1 EL Essig
8 EL Sauce Hollandaise aus dem Glas oder Tetrapack
Salz und frisch gemahlener schwarzer Pfeffer

- Spargelstangen in kochendem Wasser 2–3 Minuten blanchieren, abtropfen lassen und warm halten.
- Die Butter gleichzeitig in einer Pfanne zerlassen, Spinat dazugeben und ca. 3 Minuten unter Rühren anbraten. Mit geriebener Muskatnuss, Salz und frisch gemahlenem schwarzen Pfeffer würzen.
- Toastbrötchen halbieren, toasten und kurz vor dem Servieren mit Butter bestreichen.
- Die Eier pochieren. Dazu einen Topf mit leicht gesalzenem Wasser zum Kochen bringen. Den Essig zugeben und Hitze drosseln, sodass das Wasser leicht siedet. Mit einer Gabel umrühren und 2 Eier ins Wasser aufschlagen. 3–4 Minuten kochen, dann vorsichtig mit einem Schaumlöffel entnehmen und dies mit den anderen Eiern wiederholen. Sauce Hollandaise erwärmen.
- Die Toastbrötchen mit dem Spinat und je einem pochierten Ei belegen, die Sauce Hollandaise mit einem Löffel auf die Eier geben. Etwas schwarzen Pfeffer frisch darübermahlen und mit je 3 Spargelstangen garniert servieren.

 **Warmer Spargelsalat mit Spiegelei** 500 g geputzten grünen Spargel in leicht gesalzenem, kochendem Wasser 4–5 Minuten bissfest garen. Abgießen und in eine große Schüssel geben, mit 4 EL Olivenöl mischen und würzen. Vier Teller anwärmen. 4 Eier in einer großen, beschichteten Pfanne ca. 2–3 Minuten braten. Den Spargel auf die vier Teller verteilen, mit je 1 EL geriebenem Parmesan bestreuen, darauf je ein Spiegelei geben. Sofort servieren.

 **Spinat-Spargel-Tortilla** Ofen auf mittlere Grillstufe vorheizen. 6 Eier mit 12 klein gezupften Basilikumblättern verquirlen und nach Geschmack gut würzen. 2 EL Olivenöl in einer großen Bratpfanne erhitzen und die Eimasse hineingeben. 1 Handvoll frische Spinatblätter, 12 Stangen grünen Spargel und 1 Tomate grob hacken. Das Gemüse gleichmäßig über die Eier streuen. Die Tortilla 6–8 Minuten ohne Rühren in der Pfanne backen. Anschließend die Pfanne im Ofen 3–4 Minuten backen, bis die gesamte Oberfläche goldbraun ist. Die fertige Tortilla in Tortenstücke schneiden und mit grünem Salat servieren.

# 30 Auberginenröllchen mit Joghurt-Tomaten-Füllung

**Für 4 Personen**

1 Knoblauchzehe, zerdrückt
3 EL griechischer Joghurt
200 g Feta, zerkrümelt
6 EL fein gehackter Oregano
2 Auberginen
Olivenöl zum Bestreichen und Beträufeln
50 g getrocknete Tomaten
1 Handvoll Basilikumblätter
Salz und frisch gemahlener schwarzer Pfeffer

- Knoblauch, Joghurt, Feta und Oregano in einer Schüssel gut verrühren, nach Geschmack würzen und beiseitestellen.

- Eine Grillpfanne auf höchster Stufe erwärmen. Die Auberginen in 5 mm dicke Scheiben schneiden, die Scheiben mit etwas Öl bestreichen und nach und nach in der Pfanne grillen, bis sie weich werden und Grillstreifen bekommen.

- Die einzelnen Auberginenscheiben mit der Joghurtmasse bestreichen, darauf je eine getrocknete Tomate und ein Blatt Basilikum legen. Die Scheiben zu Röllchen aufrollen, mit Basilikum garnieren, mit etwas Olivenöl beträufeln und servieren.

 **Gefüllte Zucchiniröllchen**

Statt der Auberginen 2 große Zucchini nehmen und wie oben beschrieben grillen. Den Oregano durch gehackte frische Minze und die getrockneten Tomaten durch 50 g in Streifen geschnittene gegrillte rote Paprika aus dem Glas ersetzen. Mit Minzeblättern garnieren.

 **Couscoussalat mit Aubergine und Feta**

Auberginen wie oben beschrieben grillen. 150 g Couscous in eine Schüssel geben, mit kochendem Wasser übergießen, bis er gerade bedeckt ist. Abdecken, 10 Minuten quellen lassen, bis die Flüssigkeit ganz aufgesogen ist. Die Aubergine in mundgerechte Stücke schneiden und mit dem Couscous, 50 g getrockneten Tomaten, 1 kleinen Handvoll Basilikum und 200 g gewürfeltem Feta in eine Schüssel geben. 3 EL Olivenöl darübergeben und vermengen. Lauwarm servieren.

# Camembert-Fondue mit Honig und Walnüssen

**Für 4 Personen**

1 kleiner Camembert in der Schachtel
3 Walnüsse, grob gehackt
2 EL frischer Thymian
2 EL flüssiger Honig
Thymianzweige zum Garnieren
knuspriges Brot und rohe Gemüsesticks

- Ofen auf 220 °C vorheizen. Den Camembert aus der Schachtel nehmen und vollständig auspacken. Die obere Rinde abschneiden und den Käse ohne Papier oder Plastikfolie zurück in die Schachtel setzen.

- Walnüsse und Thymian auf den Käse geben, mit Honig beträufeln und 5–10 Minuten im Ofen backen. Je nach Reifegrad wird der Camembert innen schön flüssig.

- Mit Thymianzweigen garnieren und warm mit knusprigem Brot und rohen Gemüsesticks servieren.

---

 **Überbackenes Brot mit Camembert, Walnüssen und gegrillter Tomate**

Ofen auf mittlere Grillstufe vorheizen. 4 große Scheiben Graubrot leicht toasten und mit je 1 TL Dijonsenf bestreichen. 2 Flaschentomaten in Scheiben schneiden und auf die Brotscheiben verteilen. 2 Scheiben Camembert auf jede Scheibe legen und die Brote 2–3 Minuten überbacken, bis der Käse Blasen bildet. 2 EL gehackte Walnüsse über die Brote geben und sofort mit Salat servieren.

 **Pasta mit Camembert und Walnüssen**

400 g Penne nach Packungsangabe kochen, abgießen und warm stellen. Vier tiefe Teller anwärmen. 2 Knoblauchzehen und 4 Frühlingszwiebeln in dünne Scheiben schneiden und mit 1 EL Olivenöl in einer großen Pfanne 1–2 Minuten unter Rühren anbraten. 2 gehackte Tomaten dazugeben und bei mittlerer Hitze weitere 5–6 Minuten braten, dabei immer wieder rühren. 2 EL fein gehackten Estragon zur Tomatensauce geben. Die abgetropften Nudeln, 200 g gewürfelten Camembert und 100 g gehackte, geröstete Walnüsse mit in die Pfanne geben, gut verrühren. Würzen, auf den angewärmten Tellern servieren.

# Scharfe frittierte Zwiebeln mit Minze-Koriander-Relish

**Für 4 Personen**

*Für das Relish*
8 EL fein gehackte frische Minze
6 EL fein gehackter frischer Koriander
250 g cremiger Naturjoghurt
1 EL Limettensaft
1 EL Minzgelee

*Für die Zwiebeln*
3–4 Zwiebeln, in Scheiben geschnitten
1 TL rotes Chilipulver
1 TL Kurkumapulver
2 TL Kreuzkümmelsamen
1 EL Koriandersamen, zerdrückt
250 g Kichererbsenmehl
Pflanzenöl zum Frittieren
Meersalz

- Zuerst das Relish zubereiten. Dazu alle Zutaten in einer Schüssel verrühren und gut abschmecken. Kühl stellen.

- Die Zwiebelringe in einer großen Schüssel voneinander trennen. Chilipulver, Kurkuma, Kreuzkümmelsamen und Koriandersamen zugeben und mit Meersalz salzen. Nach und nach das Kichererbsenmehl einstreuen, dabei immer wieder rühren, damit die Zwiebeln mit Mehl bedeckt sind. Vorsichtig etwas Wasser darüberträufeln, sodass ein klebriger Teig entsteht, der an den Zwiebelringen haftet. Mit den Händen gut durchmischen.

- Eine große, tiefe Pfanne oder einen Topf zu einem Viertel mit Pflanzenöl füllen und auf 180 °C erhitzen. Die Hitze stimmt, wenn ein Brotwürfel im Fett in 10–15 Sekunden goldbraun wird.

- Die Zwiebelmischung vorsichtig löffelweise ins heiße Öl fallen lassen, bei mittlerer Hitze nach und nach jeweils 1–2 Minuten goldbraun frittieren. Mit einem Schaumlöffel aus dem Öl nehmen und auf Küchenpapier abtropfen lassen. Mit Relish servieren.

---

 **Scharfe Okra-Sticks**

60 g Kichererbsenmehl in eine Schüssel geben. 400 g Okraschoten längs vierteln und im Mehl wenden. Eine etwa 2,5 cm tiefe Schicht Pflanzenöl in eine große Pfanne geben und erhitzen. Okras knusprig und goldbraun frittieren, dabei gelegentlich umrühren. Mit einem Schaumlöffel entnehmen und in eine mit Küchenpapier ausgelegte Schüssel geben. Mit je 1 TL Salz, Chilipulver und getrockneter, gemahlener Mango bestreuen, gut mischen. Heiß mit Naan servieren.

 **Scharfe Kichererbsenpfannkuchen**

150 g Kichererbsenmehl in eine Rührschüssel geben. Langsam 250 ml Wasser einrühren, bis ein glatter Teig entsteht. Je ½ TL Salz, Cayennefeffer und Kreuzkümmelsamen, 1 fein gehackte rote Zwiebel, 1 TL geriebenen Ingwer, 4 fein gehackte grüne Chilischoten, 4 gehackte Knoblauchzehen und 2 EL gehackten frischen Koriander dazugeben. Eine große beschichtete Pfanne mit 1 TL Pflanzenöl ausstreichen und bei mittlerer Hitze erwärmen. Etwa 50 ml des Pfannkuchenteigs in die Mitte der Pfanne geben und die Pfanne so schwenken, dass der Teig einen ca. 18 cm großen Pfannkuchen bildet. Bedeckt 3 Minuten backen, bis die Pfannkuchenunterseite rötlich-braun ist. 1 TL Öl um den Rand träufeln, den Pfannkuchen wenden und 1 weitere Minute goldbraun backen. Aus der Pfanne nehmen und warm stellen. So insgesamt acht Pfannkuchen backen, bis der Teig verbraucht ist. Mit Joghurt und Mangochutney servieren.

# 30 Schichttortilla mit Mais und Bohnen

**Für 4 Personen**

2 rote Paprika, entkernt und gehackt
2 EL Olivenöl
400 g gehackte Tomaten aus der Dose
800 g Kidneybohnen aus der Dose, abgegossen
400 g Mais aus der Dose, abgegossen
½ TL Chilipulver
4 große Maismehltortillas
200 g geriebener Cheddar
1 EL fein gehackter frischer Koriander zum Garnieren

*Zum Servieren (Vorschlag):*
Schmand
1 Avocado, geschält, entsteint und in Scheiben geschnitten

- Ofen auf 190 °C vorheizen. Gehackte Paprika mit Olivenöl in eine große Pfanne geben und bedeckt ca. 5 Minuten auf kleiner Hitze garen. Tomaten, Bohnen, Mais und Chilipuver dazugeben. Zum Kochen bringen und ohne Deckel 7–8 Minuten köcheln lassen, bis die Masse relativ dick ist.

- Eine Tortilla auf ein Backblech legen. Ein Drittel der Bohnenmischung und ein Viertel des Käses auf die Tortilla geben. Die nächste Tortilla darauflegen und wiederholen, bis es drei Lagen sind. Dann die letzte Tortilla oben auf den Stapel legen, mit dem restlichen Käse bestreuen und 15 Minuten backen.

- Mit gehacktem Koriander garnieren und nach Belieben mit Schmand und Avocado servieren.

---

## 1 Bohnen-Mais-Wraps

4 Maismehltortillas mit je 2 EL Mayonnaise bestreichen. 200 g Mais aus der Dose, abgegossen, mit 8 EL Kidneybohnen vermischen. Die Bohnen-Mais-Mischung auf die Tortillas geben und mit je 1 EL geriebenem Cheddar bestreuen. Die Tortillas zu Wraps aufrollen und servieren.

##  Scharfe Tortillachips mit Bohnendip

Ofen auf 180 °C vorheizen. 4 Maismehltortillas in je 4 Tortenstücke schneiden, auf ein großes Backblech geben, mit etwas Olivenöl beträufeln und je 2 TL Kreuzkümmelpulver und Paprikapulver (geräuchert) darüberstreuen. Im Ofen 8–10 Minuten backen, bis die Tortillachips knusprig sind. In der Zwischenzeit den Dip zubereiten: 400 g Kidneybohnen aus der Dose, abgegossen, mit 2 zerdrückten Knoblauchzehen, 6 EL fein gehackter glatter Petersilie und 200 g Knoblauch-Kräuter-Frischkäse in einen Mixer geben und zu einer glatten Masse verrühren. Abschmecken, zu den Tortillachips servieren.

# Bruschetta mit Chili-Tomaten-Bohnen

**Für 4 Personen**

3 EL Olivenöl extra vergine zzgl. etwas zum Beträufeln
2 TL gehackter frischer Rosmarin
1 rote Chilischote, gehackt
800 g Cannellinibohnen aus der Dose, abgegossen
2 EL getrocknete Tomaten, gehackt
8 Scheiben Bauernbrot vom Vortag
2 Knoblauchzehen, halbiert
Meersalz und frisch gemahlener schwarzer Pfeffer
Basilikumblätter und Zitronenspalten zum Garnieren

- Öl in einer Pfanne bei niedriger Hitze erwärmen. Rosmarin und Chili in die Pfanne geben und einige Sekunden anbraten, bis es zu brutzeln beginnt. Bohnen dazugeben und 2–3 Minuten unter Rühren köcheln lassen.
- Die Masse in einen Mixer geben und grob pürieren. Mit Meersalz und frisch gemahlenem schwarzen Pfeffer abschmecken und die gehackten Tomaten unterrühren.
- Eine Grillpfanne erhitzen und die Brotscheiben bei mittlerer Hitze leicht rösten. Alternativ können Sie das Brot auch toasten. Das warme Brot mit den halben Knoblauchzehen einreiben und großzügig mit Olivenöl beträufeln. Leicht salzen und mit der Bohnenmischung belegen.
- Schwarzen Pfeffer frisch darübermahlen und erneut leicht mit Öl beträufeln. Mit Basilikumblättern und Zitronenspalten servieren.

---

 **Scharfe Tomaten-Bohnen-Suppe**

800 ml Tomatencremesuppe aus der Dose aufwärmen. 1 fein gehackte rote Chilischote und 400 g Cannellinibohnen aus der Dose, abgegossen und gewaschen, einrühren. Aufkochen und sehr heiß mit getoastetem Graubrot servieren.

 **Gratin mit Gemüse und Cannellinibohnen**

Ofen auf 200 °C vorheizen. 500 g küchenfertiges Gemüse (z. B. Blumenkohl, Möhren und Brokkoli) in einem großen Topf mit kochendem Wasser 3–4 Minuten kochen. Abgießen und in eine flache Auflaufform geben. Mit 400 ml Tomaten-Pasta-Sauce aus dem Glas oder Tetrapack und 400 g Cannellinibohnen aus der Dose, abgegossen und gewaschen, vermischen. 200 g frische Semmelbrösel und 100 g geriebenen Parmesan vermengen und über das Gemüse streuen. 15–20 Minuten backen, bis der Auflauf goldbraun ist und köchelt. Sofort servieren.

# Cremige Estragonpilze auf Brioche-Toast

**Für 4 Personen**

8 Scheiben Brioche
150 g Butter
2 Schalotten, fein gehackt
1 rote Chili, entkernt und fein gehackt (optional)
3 Knoblauchzehen, fein gehackt
300 g gemischte Waldpilze (z. B. Pfifferlinge, Steinpilze, Austernpilze), geputzt und geschnitten
4 EL Crème fraîche zzgl. etwas zum Garnieren
2 EL fein gehackter Estragon
1 EL fein gehackte glatte Petersilie
Salz und frisch gemahlener schwarzer Pfeffer

- Die Brioche-Scheiben leicht toasten und warm halten.
- Die Butter in einer Pfanne erhitzen und die Schalotten mit Chili (optional) und Knoblauch 1–2 Minuten glasig dünsten. Pilze in die Pfanne geben und bei mäßiger Hitze 6–8 Minuten braten, dabei ständig rühren. Gut würzen, vom Herd nehmen und Crème fraîche sowie gehackte Kräuter unterrühren.
- Die Pilze auf die warmen Brioche-Toasts geben, nach Geschmack mit 1 Klecks Crème fraîche garnieren und sofort servieren.

## Dicke Pilzsuppe mit Estragon

800 ml Pilzcremesuppe aus der Dose mit 600 g ganzen Zuchtchampignons aus der Dose oder aus dem Glas erwärmen. Aufkochen und 2–3 Minuten köcheln lassen, bis alles sehr heiß ist. 25 g gehackten Estragon einrühren, mit gehackter glatter Petersilie garnieren und servieren.

## Pilz-Estragon-Risotto

1,2 l Gemüsebrühe zum Kochen bringen und heiß halten. 2 EL Olivenöl in einem großen Topf mit dickem Boden erwärmen. 1 gehackte Zwiebel sowie 2 gehackte Knoblauchzehen zugeben und bei geringer Hitze 2–3 Minuten glasig dünsten. 250 g gemischte Waldpilze (siehe Zutatenliste) zugeben und weitere 2–3 Minuten braun braten. 400 g Risottoreis einrühren und umrühren, bis der Reis ölig ist. Mit 150 ml Weißwein übergießen und unter Rühren köcheln lassen, bis die Flüssigkeit aufgesogen ist. Auf diese Weise nach und nach die Brühe zugeben, dabei ständig rühren, bis die Flüssigkeit aufgesogen und der Reis gar ist. Zum Schluss je 2 EL Estragon und Petersilie (gehackt) sowie 40 g Butter unterrühren. Gut würzen und mit frisch geriebenem Parmesan servieren.

# 30 Maispuffer mit Avocadosalsa

**Für 4 Personen**
500 g Mais aus der Dose
4 Frühlingszwiebeln, fein gehackt
2 Eier
5 EL fein gehackter frischer Koriander zzgl. einige ganze Blätter zum Garnieren
125 g Mehl
1 TL Backpulver
Salz und frisch gemahlener schwarzer Pfeffer
Pflanzenöl zum Braten

*Für die Avocadosalsa*
Fleisch von 2 reifen Avocados, fein gehackt
4 EL gehackte frische Minze
4 EL fein gehackter frischer Koriander
2 EL Limettensaft
2 EL fein gehackte rote Zwiebel
½ TL Tabasco

- Ofen auf 120 °C vorheizen. Drei Viertel der Maiskörner mit den Frühlingszwiebeln, Eiern, Koriander, Mehl und Backpulver in den Mixer geben und verquirlen. Gut würzen und in eine große Schüssel geben. Die restlichen Maiskörner dazugeben, mit Salz und Pfeffer abschmecken und gut vermischen.

- 1 EL Pflanzenöl in einer großen beschichteten Pfanne auf mittlerer Stufe erhitzen. Wenn das Öl heiß ist, die Maismasse löffelweise in die Pfanne geben und von jeder Seite 1 Minute braten. Nach und nach die gesamte Maismasse auf diese Weise verarbeiten.

- Die fertigen Maispuffer auf Küchenpapier abtropfen lassen und im vorgeheizten Ofen warm halten.

- Für die Avocadosalsa alle Zutaten in eine Schüssel geben und vorsichtig verrühren.

- Die warmen Maispuffer mit Korianderblättern garnieren und zusammen mit der würzigen Avocadosalsa servieren.

### 1 Rucola-Avocado-Salat mit Zuckermais

Die Maispuffer vierteln und zusammen mit der Avocadosalsa in eine Schüssel geben. 75 g Rucola dazugeben und alles mit 4 EL Olivenöl beträufeln. Vorsichtig vermengen und servieren.

### 2 Erbsen-Minze-Puffer

Den Mais im Rezept oben durch aufgetaute TK-Erbsen ersetzen, statt Koriander frische, gehackte Minze nehmen und die Puffer wie oben beschrieben zubereiten. 6 EL Naturjoghurt in die Salsa rühren und zu den Erbsen-Minze-Puffern servieren.

# Griechischer Pita-Salat

**Für 4 Personen**

100 g Feta, zerkrümelt
8–10 frische Minzeblätter, zerpflückt
100 g Kalamata-Oliven oder schwarze Oliven
2 Tomaten, gewürfelt
Saft von 1 großen Zitrone
1 kleine rote Zwiebel, dünn geschnitten
1 TL getrockneter Oregano
4 Pita-Brote
Zitronenspalten zum Garnieren

- Ofen auf Grillstufe vorheizen. Feta, Minze, Oliven, Tomaten, Zitronensaft, Zwiebel und Oregano in einer Schüssel vermischen.
- Pita-Brote auf Grillstufe im Ofen ganz zart goldbraun rösten, dann waagerecht halbieren und die Innenseiten ebenfalls kurz rösten.
- Die heißen Pita-Brote in mundgerechte Stücke zerreißen und unter den Salat mischen. Mit Zitronenspalten servieren.

---

 **Spinatsalat mit gegrilltem Feta und Pinienkernen** Ofen auf Grillstufe vorheizen. 200 g Feta im Stück auf ein Backblech legen und mit 1 TL getrocknetem Oregano bestreuen. 5–6 Minuten auf Grillstufe überbacken, bis der Feta leicht gebräunt ist. In der Zwischenzeit 300 g jungen Spinat zusammen mit 1 in Scheiben geschnittenen roten Zwiebel, 2 gewürfelten Tomaten und 4 EL gehackten Pinienkernen in eine Schüssel geben. 2 EL Sherryessig und 6 EL Olivenöl darübergeben, gut würzen und mischen. Gegrillten Feta in kleine Würfel schneiden, über den Salat streuen und servieren.

 **Pasta mit Minz-Oliven-Feta-Pesto und gegrilltem Gemüse** Ofen auf 200 °C vorheizen. Je 1 rote und gelbe Paprika entkernen, in 2,5 cm breite Streifen schneiden. 1 mittelgroße Aubergine und 1 Zucchini jeweils in 2,5 cm dicke Stücke schneiden, 2 kleine rote Zwiebeln schälen und vierteln. Das geschnittene Gemüse auf ein großes beschichtetes oder mit Backpapier ausgelegtes Backblech setzen, mit Olivenöl beträufeln und gut würzen. Ca. 15–20 Minuten im Ofen grillen, bis die Kanten dunkel werden. Währenddessen einen großen Topf Wasser mit etwas Salz zum Kochen bringen und 400 g Rigatoni nach Packungsangabe kochen. 100 g Pinienkerne 4–5 Minuten ohne Öl rösten, bis sie goldbraun sind, dabei häufig rühren. Mit 200 ml Olivenöl, 4 gehackten Knoblauchzehen, je 25 g gehackten Minze- und Basilikumblättern und 150 g zerkrümeltem Feta in einen Mixer geben und zu einem groben Pesto verarbeiten. Nachwürzen. Nudeln abgießen, mit dem gegrillten Gemüse in die Pfanne geben, 100 g Kalamata-Oliven ohne Stein dazugeben und das Pesto unterrühren. Sofort servieren.

# 30 Spinat-Kartoffel-Tortilla

**Für 4 Personen**
3 EL Olivenöl
2 Zwiebeln, fein gehackt
250 g gekochte Kartoffeln ohne Schale, in 1 cm dicke Würfel geschnitten
2 Knoblauchzehen, fein gehackt
200 g gekochter Spinat, gut abgegossen und grob gehackt
4 EL gegrillte rote Paprika, fein gehackt
5 Eier
3–4 EL Manchego, gerieben
Salz und frisch gemahlener schwarzer Pfeffer

- Ofen auf mittlere Grillstufe vorheizen. Öl in einer beschichteten Pfanne erhitzen, Zwiebeln und Kartoffeln dazugeben. Bei mittlerer Hitze sanft 3–4 Minuten anbraten, bis die Zwiebeln glasig sind, dabei oft rühren.
- Knoblauch, Spinat und Paprika in die Pfanne geben und gut verrühren.
- Die Eier leicht verquirlen, gut würzen. Eimasse gleichmäßig in die Pfanne gießen, dabei die Pfanne leicht schütteln, damit sich das Ei gut verteilt. 8–10 Minuten backen, bis der Boden der Tortilla fest ist.
- Den geriebenen Manchego über die Tortilla streuen, die Pfanne in den Ofen unter den Grill stellen und 3–4 Minuten backen, bis die Oberseite fest und goldbraun ist.
- Pfanne aus dem Ofen nehmen, Tortilla in mundgerechte Stücke schneiden und lauwarm servieren.

## 1 Sautierte Spinatkartoffeln

1 EL Pflanzenöl in einer großen Pfanne erhitzen. 2 gehackte Knoblauchzehen, 1 fein gehackte Zwiebel und 1 EL Currypulver in die Pfanne geben. 100 ml passierte Tomaten, 300 g jungen Blattspinat und 200 g gekochte, gewürfelte Kartoffeln dazugeben. Bei großer Hitze 2–3 Minuten sautieren, bis alles kochendheiß ist. Würzen und mit knusprigem Brot oder Reis servieren.

## 2 Spinat-Kartoffel-Eintopf

2 EL Olivenöl in einem Topf erwärmen und 4 zerdrückte Knoblauchzehen, 1 gehackte Zwiebel, 1 gehackte grüne Paprika, 500 g Spinatblätter, gehackt, und 2 Kartoffeln (in 1 cm dicken Würfeln) ins Öl geben. 1 l heiße Gemüsebrühe und 1 Prise Safran (in Fäden) dazugeben. Aufkochen und 12–15 Minuten kochen, bis die Kartoffeln gar sind. Würzen und mit knusprigem Brot oder Reis servieren.

# Mozzarellakugeln in Chilipanade mit frischem Pesto-Aioli

**Für 4 Personen**

*Für das Aioli*
6 EL grünes Pesto aus dem Glas
200 g Mayonnaise
2 Knoblauchzehen, zerdrückt

*Für die Mozzarellakugeln*
100 g frische Semmelbrösel
Schale von 1 Zitrone, fein gerieben
1 kräftige Prise Chiliflocken
2 EL frischer Thymian
50 g Mehl
2 große Eier, verquirlt
300 g Mozzarellakugeln, abgegossen
Pflanzenöl zum Frittieren
Salz und frisch gemahlener schwarzer Pfeffer

- Für das Aioli alle Zutaten zusammenrühren und beiseitestellen.

- Semmelbrösel, Zitronenschale, Chiliflocken, Thymian in einer mittelgroßen Schüssel vermischen, mit Salz und Pfeffer würzen. Das Mehl und die Eier in je einen tiefen Teller geben.

- Die Mozzarellakugeln mit etwas Küchenpapier trocken tupfen. Die einzelnen Kugeln zuerst im Mehl wälzen, dann ins Ei tauchen und anschließend in der Semmelbröselpanade wälzen. Dann noch einmal ins Ei tauchen und in der Panade wälzen, damit eine doppelte Schicht entsteht.

- Pflanzenöl in einen Topf oder eine Fritteuse gießen. Öl kurz vor dem Servieren bei großer Hitze auf 180 °C erhitzen, sodass ein Brotkrumen zischend eintaucht und in 10–15 Sekunden goldbraun ist. Die panierten Mozzarellakugeln mit einem Schaumlöffel vorsichtig ins heiße Öl senken und 3–4 Minuten goldbraun frittieren. Aus dem Fett nehmen und auf Küchenpapier abtropfen lassen.

- Anschließend sofort mit dem frischen Pesto-Aioli servieren.

### Tomatensalat Caprese mit Mozzarellakugeln

4 Tomaten in Scheiben schneiden und mit 1 kleinen Handvoll Basilikum und 300 g Mozzarellakugeln in eine flache Schüssel geben. 4 EL Olivenöl und den Saft von 1 Zitrone darübergießen. Gut salzen und pfeffern und mit Ciabatta servieren.

### Nudelauflauf mit Büffelmozzarella und Pesto

Ofengrill vorheizen. 400 g Penne kochen. Inzwischen 500 ml Milch zum Kochen bringen. 3 EL Maismehl in einen Teller geben und mit 6 EL heißer Milch übergießen. Zu einer Paste vermischen und in den Milchtopf zurückgeben. Bei niedriger Hitze verrühren, bis die Milch dickflüssig wird. 150 g klein geschnittenen Büffelmozzarella dazugeben und mit Salz, frisch geriebenem schwarzem Pfeffer und Muskat abschmecken. 4 EL grünes Pesto einrühren. In einem zweiten Topf 75 g Spinat dünsten und die gesamte Flüssigkeit abgießen. Nudeln abseihen, in die Pestosauce geben. Spinat und 1 Prise Chiliflocken daruntermischen, alles in eine Auflaufform geben. Mit 50 g geriebenem Büffelmozzarella bestreuen und 5 Minuten überbacken, bis die Oberfläche goldbraun ist und Blasen schlägt. Sofort servieren.

# 30 Kartoffel-Blinis mit Rote Bete und Schnittlauch

**Für 4 Personen**

*Für die Blinis*
200 g Instant-Kartoffelpüreeflocken
50 g Mehl
1 Msp. Backpulver
3 große Eier, getrennt
2 EL saure Sahne
4 EL fein gehackter Dill
Pflanzenöl zum Braten

*Für den Belag*
2 gekochte Rote Bete, geschält und klein gewürfelt
6 EL Crème fraîche
1 EL Sahnemeerrettich
Salz und frisch gemahlener schwarzer Pfeffer
Schnittlauch zum Garnieren

- Kartoffelpüree nach Packungsangabe zubereiten und in eine Rührschüssel geben. Mehl, Backpulver, Eigelb, saure Sahne und Dill einrühren, gut durchschlagen und würzen.
- Eiweiß steif schlagen. Eischnee mit einem Metalllöffel vorsichtig unter die Kartoffelpüreemasse heben.
- Etwas Öl in einer großen beschichteten Pfanne erhitzen. Mit einem Löffel 3–4 Häufchen der Püreemasse in die Pfanne setzen. Bei mittlerer Hitze braten, bis die Blinis fest werden, wenden und auf beiden Seiten kurz goldbraun anbraten. Aus der Pfanne nehmen und warm stellen. Nach und nach die ganze Masse so verarbeiten.
- Rote Bete, Crème fraîche und Sahnemeerrettich verrühren, würzen.
- Vor dem Servieren die Rote-Bete-Mischung auf die Blinis verteilen, schwarzen Pfeffer darübermahlen und mit etwas gehacktem Schnittlauch garniert servieren.

---

## 1 Colcannon (irischer Eintopf) mit Rote Bete und Schnittlauch

50 g fein gehobelten Grünkohl 1 Minute in kochendem Wasser blanchieren, dann abgießen und beiseitestellen. 50 g Schnittlauch fein hacken und 2 gekochte Rote Bete grob raspeln. Beides mit dem abgetropften Grünkohl in einen Mixer geben und 10–15 Sekunden auf Impulsstufe vermixen. 400 g Instant-Kartoffelpüreeflocken nach Packungsangabe zubereiten und in eine Schüssel geben. Grünkohlmasse und 1 EL körnigen Senf dazugeben, würzen und gut vermischen. Sehr heiß mit gedünstetem Gemüse nach Geschmack servieren.

## 2 Kartoffel-Schnittlauch-Suppe

2 EL Butter in einem Topf zerlassen. Wenn die Butter schaumig wird, 1 gewürfelte Zwiebel hineingeben und unterrühren, bis sich die Butter gut verteilt hat. 400 g Instant-Kartoffelpüreeflocken und 900 ml heiße Gemüsebrühe einrühren, aufkochen und 100 ml Milch zugießen. Suppe mit dem Stabmixer pürieren und abschmecken. Je 3 EL sehr fein gehackten Dill und Schnittlauch einrühren. Würzen und mit knusprigem Brot servieren.

# 10 Würzige Paneer-Bruschetta

**Für 4 Personen**

200 g Paneer (indischer Rahmkäse) oder Feta, grob gewürfelt
3 EL fein gehackte rote Zwiebel
1 grüne Chilischote, entkernt und in feine Scheiben geschnitten
1 große Handvoll fein gehackter frischer Koriander
150 g kleine Flaschentomaten, geviertelt
2 EL Olivenöl extra vergine, zzgl. etwas zum Beträufeln
Saft und fein geriebene Schale von 1 Limette
12 Scheiben Ciabatta
Salz und frisch gemahlener schwarzer Pfeffer

- Käse zusammen mit Zwiebeln, Chili, Koriander, Tomaten, Olivenöl, Limettensaft und -schale in eine Schüssel geben. Würzen, gut verrühren und ziehen lassen. In der Zwischenzeit die Ciabattascheiben rösten (im Toaster oder in der Grillpfanne).

- Käsemasse auf die getoasteten Ciabattascheiben geben und sofort servieren. Nach Belieben mit etwas Olivenöl beträufeln.

---

 **Scharfe Paneer-Spieße** Ofen auf Grillstufe vorheizen. 500 g Paneer in 5 cm große Würfel schneiden. Mit je 1 EL Chilipulver und Meersalz bestreuen und gut mischen, sodass alle Würfel gut gewürzt sind. 2 EL Kichererbsenmehl, 2 TL gemahlene Kreuzkümmelsamen und 6 EL Crème double verrühren. Die Käsewürfel mit der Würzcreme bedecken und 10 Minuten marinieren. Auf vier Metallspieße schieben und im Ofen von allen Seiten 1–2 Minuten grillen. Mit gehacktem Koriander garnieren und mit Salat servieren.

 **Palak Paneer (Spinat mit indischem Käse)** 250 g Basmatireis nach Packungsangabe kochen. 750 g jungen Blattspinat 1–2 Minuten weich dünsten. In ein Sieb abgießen und unter kaltem Wasser abkühlen. Im Mixer zu einem glatten Brei verrühren und beiseitestellen. 3 EL Pflanzenöl in einer Pfanne erhitzen. 2 TL Kreuzkümmelsamen etwa 30 Sekunden anbraten, dann 1 gehackte Zwiebel dazugeben und bei niedriger Hitze 5–6 Minuten glasig braten. Je 1 EL geriebenen Ingwer und Knoblauch sowie 1 gehackte grüne Chilischote dazugeben und 1 Minute weiterbraten. 2 EL gehackten frischen Koriander dazugeben und salzen. Weitere 30 Sekunden braten, dann Spinatmasse und 250 g gewürfelten Paneer, ½ TL Garam Masala und 4 EL Crème double einrühren. Einige Minuten kochen und dabei rühren, bis der Spinat schön cremig ist. Mit dem Saft von 1 Zitrone abschmecken und mit dem gekochten Reis servieren.

# Frühlingszwiebel-Rösti mit Avocado-Zwiebel-Tomatensalsa

**Für 4 Personen**

*Für die Salsa*
2 Flaschentomaten, entkernt und grob gewürfelt
1 rote Chilischote, entkernt und fein gehackt
1 kleine rote Zwiebel, halbiert und in dünne Scheiben geschnitten
4 EL fein gehackter frischer Koriander
Fleisch von 2 Avocados, grob gewürfelt
Saft von 2 Limetten
1 EL Avocadoöl
Limettenspalten zum Garnieren

*Für die Rösti*
900 g mehlige Kartoffeln, gekocht
6 Frühlingszwiebeln, fein gehackt
2 Knoblauchzehen, sehr fein gehackt
1 großes Ei, leicht verquirlt
4 EL Sonnenblumenöl
Salz und frisch gemahlener schwarzer Pfeffer

- Zuerst die Salsa zubereiten. Dazu alle Zutaten in einer Schüssel vermischen, gut würzen und bis zum Servieren beiseitestellen.
- Kartoffeln pellen und grob reiben, Frühlingszwiebeln, Knoblauch und Ei dazugeben, würzen und mit den Fingern gleichmäßig vermengen.
- Eine große beschichtete Pfanne stark erhitzen und die Hälfte des Öls hineingießen.
- Den Backofen auf 80 °C vorheizen. Die Kartoffelmasse in 8 Portionen teilen und diese nach und nach im heißen Öl braten. Dazu die Portionen mit dem Löffel in die Pfanne geben und zu etwa 8–10 cm großen Rösti flach drücken. Von jeder Seite 3–4 Minuten braten, dann auf ein großes beschichtetes oder mit Backpapier ausgelegtes Backblech geben und im Ofen warm halten. Mit dem restlichen Öl und Teig wiederholen, bis 8 Röstis fertig sind.
- Die Röstis mit der Salsa und den Limettenspalten servieren.

---

**Gemüsesuppe mit Frühlingszwiebeln und Kartoffeln** 12 in Scheiben geschnittene Frühlingszwiebeln, 400 g gekochte, in Würfel geschnittene Kartoffeln, 2 zerdrückte Knoblauchzehen, 4 EL gehackter frischer Koriander, 600 ml heiße Gemüsebrühe und 500 ml Milch in einem Topf zum Kochen bringen und 5–6 Minuten köcheln lassen, bis alles sehr heiß ist. Abschmecken und sofort servieren.

**Frischer Salsa-Pasta-Salat** 300 g kurze Nudeln (z. B. Penne, Rigatoni) nach Packungsangabe kochen. 4 Tomaten würfeln, mit 1 roten Chilischote, 1 gehackten roten Zwiebel und 6 EL gehacktem frischem Koriander in eine Schüssel geben. 2 Avocados schälen, entsteinen, grob würfeln, mit den abgetropften Nudeln dazugeben. 4 EL Olivenöl extra vergine und den Saft von 2 Limetten über den Salat gießen. Würzen, mischen und servieren.

# Mais-Zucchini-Küchlein

**Für 4 Personen**

150 g Mais aus der Dose, abgegossen
1 Zucchini, grob geraspelt
1 TL zerstoßene Kreuzkümmelsamen
4 Frühlingszwiebeln, in dünne Scheiben geschnitten
3 EL Mehl
1 Msp. Backpulver
2 Eier, verquirlt
2 EL gehackter frischer Koriander
1 rote Chilischote, entkernt und grob gehackt
Pflanzenöl zum Braten
Salz und frisch gemahlener schwarzer Pfeffer
Guacamole aus dem Glas und Limettenspalten zum Servieren

- Mais, Zucchini, Kreuzkümmelsamen, Frühlingszwiebeln, Mehl mit Backpulver vermengt, Eier, Koriander, Chili und etwas Gewürz in eine große Schüssel geben und gut vermengen.

- 1 EL Pflanzenöl in einer großen beschichteten Pfanne erhitzen, die Masse löffelweise hineingeben und nach und nach 2–3 Minuten von jeder Seite braten, bis die Küchlein gar sind. Auf diese Weise insgesamt zwölf Küchlein braten.

- Mit Guacamole und Limettenspalten servieren.

**Gemischte Blattsalate mit Mais**

400 g Mais aus der Dose mit 1 grob geraspelten Zucchini und 100 g Mixsalat aus der Tüte in eine Schüssel geben. 6 EL italienische Vinaigrette, selbst gemacht oder aus der Flasche, über den Salat gießen, vermengen und servieren.

**Nudelauflauf mit Zucchini-Mais-Creme**

Ofen auf 200 °C vorheizen. 250 g Rigatoni nach Packungsangabe kochen, abgießen, in eine große Rührschüssel geben und beiseitestellen. 2 EL Olivenöl in einer großen Pfanne erhitzen, darin 1 gehackte Zwiebel und 2 gehackte Knoblauchzehen 1–2 Minuten glasig dünsten. 1 fein gewürfelte Zucchini und 400 g Mais aus der Dose dazugeben und 1–2 Minuten unter Rühren braten. 200 g Crème fraîche und 2 verquirlte Eier mit 1 EL Dijonsenf mischen, gut würzen und zusammen mit dem Gemüse und 4 EL gehacktem frischem Koriander zu den Nudeln geben. Alles in eine Auflaufform geben und im vorgeheizten Ofen 12–15 Minuten backen. Danach aus dem Ofen nehmen und direkt servieren.

# 30 Vegetarische Frühlingsrollen

**Für 4 Personen**
1 EL Erdnussöl
2 Knoblauchzehen, fein gehackt
3 cm Ingwer, gerieben
1 rote Chilischote, entkernt und fein gehackt
300 g küchenfertiges Mixgemüse
1 EL Sojasauce
1 EL Reisweinessig
4 Platten TK-Blätterteig, in je vier Rechtecke geschnitten (12 x 15 cm)
50 g gesalzene Butter, geschmolzen
süße Chilisauce zum Servieren

- Ofen auf 200 °C vorheizen. Wok stark erhitzen, vorsichtig Öl, Knoblauch, Ingwer und Chili hineingeben und unter Rühren 30 Sekunden braten. Mixgemüse, Sojasauce und Essig dazugeben und 1 Minute garen. Gemüse in ein Sieb über einer Schüssel geben und leicht abkühlen lassen.

- 1 EL der Gemüsemischung in die Mitte des schmalen Endes eines Blätterteigrechtecks geben. Den Blätterteig so umklappen, dass die Mischung bedeckt ist, dann die freien Seiten des Rechtecks zur Mitte hin einklappen. Schließlich das Ganze zu einem Zylinder aufrollen und zum Versiegeln mit Butter bestreichen. Mit den übrigen Blätterteigrechtecken wiederholen.

- Die Frühlingsrollen auf ein Backblech geben, mit Butter bestreichen und 12–15 Minuten goldbraun und knusprig backen. Heiß servieren, dazu süße Chilisauce reichen.

---

 **Vegetarische Reispfanne**
2 EL Pflanzenöl in einer großen Pfanne oder im Wok erwärmen. 2 gehackte Knoblauchzehen, 1 TL grob geriebenen Ingwer, 500 g gekochten weißen Reis und 300 g küchenfertiges Mixgemüse in die Pfanne geben. Bei großer Hitze 5–6 Minuten garen, bis alles sehr heiß ist, dabei ständig rühren. 6 EL Sojasauce, 1 EL Sesamöl und 1 TL Chiliöl einrühren. Vom Herd nehmen, den Saft 1 Limette einrühren und sofort servieren.

 **Thai-Nudelpfanne mit Gemüse** 250 g dünne Reisnudeln in eine große Schüssel geben und mit kochendem Wasser übergießen. Bedeckt 5 Minuten ziehen lassen, dann abgießen. In der Zwischenzeit 1 EL Pflanzenöl in einem Wok bei großer Hitze erwärmen. 2 TL grob geriebenen Ingwer, 2 gehackte Knoblauchzehen, 8 in dünne Scheiben geschnittene Frühlingszwiebeln und 1 rote Chilischote (fein gehackt) dazugeben und unter Rühren 3–4 Minuten braten. Je 4 EL süße Chilisauce, Hoisin-Sauce und Wasser vermischen und in den Wok gießen. Die abgetropften Nudeln mit je 3 EL gehackter frischer Minze und Koriander dazugeben und gut mischen. In flache Schalen füllen und sofort servieren.

# Gefüllte Eier mit Kapern

**Für 4 Personen**
6 Eier
1 TL geräuchertes Paprikapulver zzgl. etwas zum Bestreuen
3 EL Mayonnaise
1 TL englischer Senf
Salz und frisch gemahlener schwarzer Pfeffer

*Zum Garnieren*
1 EL kleine Kapern
1 EL eingelegte rote Pfefferkörner, abgegossen
Thymianzweige

- Eier in einem Topf mit kochendem Wasser etwa 10–15 Minuten hart kochen. Aus dem Wasser nehmen und abkühlen lassen.
- Eierschale entfernen und die Eier längs halbieren.
- Eigelb mit einem Löffel herausnehmen und in einer kleinen Schüssel zermusen. Paprika, Mayonnaise und Senf zugeben und gut vermischen.
- Eigelbmasse mit einem Löffel zurück in die weißen Eihälften geben und mit Kapern, rotem Pfeffer und Thymianzweigen garnieren. Mit Paprika bestreuen und servieren.

**Chili-Spiegeleier mit warmem Chapati**
Vier Teller warm stellen. 2 EL Sonnenblumenöl in einer Pfanne erhitzen. 4 große Eier vorsichtig in die Pfanne schlagen, 2–3 Minuten bzw. nach Geschmack braten. In der Zwischenzeit 4 Chapati (Vollkornfladenbrot) im Ofen erwärmen, auf die vier warmen Teller verteilen und mit je einem Spiegelei belegen. 2 TL Chiliflocken, 1 TL Paprikapulver, geräuchert, 1 EL kleine Kapern und 2 EL fein gehackte glatte Petersilie vermischen und über die Spiegeleier geben. Salzen, pfeffern, servieren.

**Scharfe Rühreier**
2 EL Butter in einer Pfanne zerlassen. 1 fein gehackte Zwiebel und 3 gehackte Knoblauchzehen 4–5 Minuten glasig dünsten. 2 TL zerstoßene Kreuzkümmelsamen, je 1 TL Currypulver und gemahlenen Kurkuma sowie 1 gehackte rote Chilischote dazugeben und weitere 4–5 Minuten garen, bis alles aromatisch duftet und gut vermischt ist. 2 klein gewürfelte Tomaten einrühren und weitere 3–4 Minuten köcheln, bis die Tomaten weich sind. 8 Eier mit 100 g Sahne in einer Schüssel verquirlen, die Mischung in die Pfanne gießen und unter ständigem Rühren kochen, bis die Eier stocken. Währenddessen 4 große Scheiben Graubrot toasten und warm halten. 2 EL fein gehackten frischen Koriander unter die Rühreier rühren, alles auf die Toasts geben und servieren.

QuickVeggie

# Suppen und Salate zum Sattwerden

# Rezepte nach Zubereitungszeit

## 30

| | |
|---|---|
| Würzige Kartoffel-Sellerie-Suppe | 70 |
| Apfel und Rote Bete aus dem Ofen | 72 |
| Deftige Pilzsuppe | 74 |
| Taboulé mit Quinoa und Salat | 76 |
| Herzhafte Minestrone | 78 |
| Scharfer grüner Pilaw mit Walnüssen | 80 |
| Scharfe jamaikanische Maissuppe | 82 |
| Orientalische Reissuppe mit Gemüse und Ei | 84 |
| Rote Linsensuppe mit Spinat | 86 |
| Überbackene Kichererbsen-Spinat-Töpfchen | 88 |
| Pasta mit Kirschtomaten, Avocado und Mozzarella | 90 |
| Vegetarischer Caesar's Salad mit Kräuter-Knoblauch-Croûtons | 92 |
| Nudelauflauf mit Brokkoli und Hülsenfrüchten | 94 |
| Warmer marokkanischer Bulgursalat mit gegrilltem Gemüse | 96 |

| | |
|---|---|
| Warmer Reissalat mit Wachteleiern | 98 |
| Quinoasalat mit Oliven, grünen Bohnen und Feta | 100 |
| Tortelliniauflauf | 102 |
| Pita-Minipizza mit Hummus und Salat | 104 |
| Fruchtiger Kartoffelsalat | 106 |
| Reis-Gemüse-Auflauf mit Käse | 108 |
| Tajine mit bunten Paprika | 110 |
| Scharfes Linsencurry mit Pilzen | 112 |
| Russischer Salat | 114 |
| Pasta mit Halloumi, Rucola und Kirschtomaten | 116 |
| Warmer Quinoasalat mit gegrillten Zucchini und Aubergine | 118 |

## 20

| | |
|---|---|
| Scharfe Kartoffel-Sellerie-Pfanne | 70 |
| Apfel-Rote-Bete-Suppe | 72 |
| Omelett mit Pilzen, Lauch und Estragon | 74 |
| Erbsensuppe mit Salat und Estragon | 76 |
| Deftige Nudelsauce | 78 |
| Gekühlte grüne Gazpacho | 80 |
| Scharfe Mais-Kartoffel-Pfanne | 82 |
| Gemüsepfanne mit Eiernudeln | 84 |
| Spinat-Tomaten-Curry mit Kokosmilch | 86 |
| Spinatsalat mit Hülsenfrüchten und Avocadodressing | 88 |
| Couscous-Avocado-Salat Tricolore | 90 |
| Nudelsalat „Caesar's" | 92 |
| Warmer Nudelsalat mit Zitrone und Brokkoli | 94 |
| Orientalischer Kürbis-Süßkartoffel-Eintopf | 96 |
| Spinatsalat mit Wachteleiern | 98 |
| Salat mit Wassermelone, grünen Bohnen und Feta | 100 |

| | | |
|---|---|---|
| Italienische Tortellinisuppe | 102 | |
| Fatousch-Salat | 104 | |
| Kartoffel-Frühlingszwiebel-Gratin mit Senfsauce | 106 | |
| Linguini mit Tomaten-Chili-Kräuter-Sauce | 108 | |
| Couscoussalat mit Paprika und eingelegter Zitrone | 110 | |
| Linsensalat mit Pilzen und Kirschpaprika | 112 | |
| Gemüsecremesuppe | 114 | |
| Gegrillter Halloumi mit Paprika und Rucola | 116 | |
| Quinoa-Zucchini-Salat mit Granatapfelkernen | 118 | |

| | |
|---|---|
| Asiatischer Farmersalat mit Sellerie | 70 |
| Apfel-Rote-Bete-Salat | 72 |
| Pilzpfanne | 74 |
| Blattsalat mit Erbsen, Tomaten und Frühlingszwiebeln | 76 |
| Nudelsalat mit Bohnen und Spinat | 78 |
| Grüner Gemüsesalat | 80 |
| Maiscurry mit roter Paprika | 82 |
| Orientalischer Reissalat mit Pak Choi | 84 |
| Pilau-Pilaw mit Spinat und grünen Linsen | 86 |
| Deftige Bohnen-Spinat-Suppe | 88 |
| Italienisches Ciabatta mit Kirschtomaten, Avocado und Mozzarella | 90 |
| Knackiger Salat mit Croûtons | 92 |
| Schnelle Brokkoli-Gemüse-Pfanne | 94 |
| Blitzsuppe mit Harissa und gegrilltem Gemüse | 96 |
| Ciabatta mit Wachteleiern und Salat | 98 |
| Marokkanischer Orangen-Oliven-Salat mit Feta | 100 |

| | |
|---|---|
| Schneller Pastasalat mit eingelegtem Gemüse | 102 |
| Orientalischer Couscoussalat | 104 |
| Fruchtiger Nudelsalat | 106 |
| Kachumbar-Basmati-Salat | 108 |
| Gemüsebrühe mit grobem Couscous | 110 |
| Linsen-Pilz-Pilaw | 112 |
| Sautiertes Gemüse | 114 |
| Mediterrane Wraps mit gegrilltem Halloumi | 116 |
| Zucchini-Frühlingszwiebel-Pfanne | 118 |

# Würzige Kartoffel-Sellerie-Suppe

**Für 4 Personen**

2 EL Olivenöl
1 Zwiebel, gehackt
1 Knoblauchzehe, gehackt
je ½ TL gemahlene Kreuzkümmel- und gemahlene Koriandersamen
1 Prise Chiliflocken
2 kleine Knollensellerie, geschält und klein gewürfelt
2 mittelgroße Kartoffeln, geschält und klein gewürfelt
1 l heiße Gemüsebrühe
25 g gehackter frischer Koriander
4 EL Crème fraîche zum Anrichten
geröstete Kreuzkümmelsamen zum Garnieren

- Vier Schalen vorwärmen. Olivenöl, Zwiebel, Knoblauch, gemahlenen Kreuzkümmel und gemahlene Koriandersamen sowie 1 Prise Chiliflocken in eine tiefe Pfanne oder einen Topf geben. Bei mittlerer Hitze etwa 1 Minute anbraten.
- Knollensellerie und Kartoffeln in die Pfanne geben, mit Gemüsebrühe übergießen und zum Kochen bringen. 15–20 Minuten köcheln lassen, bis das Gemüse gar ist.
- Gehackten frischen Koriander einrühren und alles mit einem Stabmixer glatt pürieren.
- Suppe in den vorgewärmten Schalen mit 1 Klecks Crème fraîche und gerösteten Kreuzkümmelsamen anrichten und servieren.

## Asiatischer Farmersalat mit Sellerie

1 Sellerieknolle und 2 Karotten grob raspeln. Mit ½ fein geschnittenen Rotkohl und 1 großen Handvoll gehacktem frischen Koriander in eine große Schüssel geben. 100 g Crème fraîche mit 10 EL Mayonnaise, je 1 TL gemahlenen Kreuzkümmel- und gemahlenen Koriandersamen sowie Chiliflocken und dem Saft von 2 Limetten verrühren. Diese Sauce gut würzen und über das geraspelte Gemüse geben. Gut vermischen und servieren.

## Scharfe Kartoffel-Sellerie-Pfanne

4 EL Pflanzenöl in einer Pfanne oder im Wok erhitzen. 1 gehackte Zwiebel, 1 gehackte Knoblauchzehe, je 1 TL zerdrückte Kreuzkümmel- und zerdrückte Koriandersamen sowie 1 gehackte rote Chilischote dazugeben. Bei mittlerer Hitze 2–3 Minuten braten, dabei ständig rühren. Je 1 große, grob geraspelte Kartoffel und Sellerieknolle dazugeben. Bei großer Hitze 10–12 Minuten weiterbraten, dabei rühren, bis das Gemüse gar ist. Vom Herd nehmen und 1 große Handvoll frischen Koriander, gehackt, unterrühren. Abschmecken und servieren.

# Apfel-Rote-Bete-Suppe

**Für 4 Personen**
1 EL Olivenöl
1 EL Butter
2 Kochäpfel (z. B. Bramley),
  geschält, entkernt und gewürfelt
1 Tafelapfel,
  geschält, entkernt und gewürfelt
600 g Rote Bete,
  gekocht und grob gewürfelt
2 TL Kümmelsamen
2–3 EL frischer Thymian
1,5 l Gemüsebrühe
Salz und frisch gemahlener
  schwarzer Pfeffer
Crème fraîche zum Anrichten
gehackter Dill zum Garnieren

- Öl und Butter in einem Topf erhitzen und die Äpfel etwa 2–3 Minuten goldbraun braten. Rote Bete, Kümmelkörner und Thymian zugeben und 1–2 Minuten unter Rühren braten.
- Gemüsebrühe dazugießen, zum Kochen bringen und 10 Minuten kochen lassen.
- Suppe im Standmixer oder mit dem Pürierstab relativ glatt pürieren und abschmecken.
- In Schälchen mit einem Strudel aus eingerührter Crème fraîche anrichten und mit gehacktem Dill und frisch gemahlenem schwarzen Pfeffer garnieren.

### Apfel-Rote-Bete-Salat

6 große gekochte Rote Bete in dünne Scheiben schneiden. Mit 4 entkernten und in Scheiben geschnittenen Äpfeln und den Blättern von 2 roten Chicorée auf einem Teller anrichten. 5 EL Olivenöl, 2 EL Apfel- essig, 1 TL flüssigen Honig, 1 TL Thymian, ½ TL Kümmelsamen und 1 TL Dijonsenf verrühren. Das Dressing abschmecken, über den Salat geben, unterrühren und servieren.

### Apfel und Rote Bete aus dem Ofen

6 große gekochte Rote Bete und 6 geschälte, entkernte Äpfel in Spalten schneiden. Die Spalten in eine Ofenform geben, mit 4 EL Olivenöl übergießen. 4 Thymianzweige dazugeben und mit 2 TL Kümmelsamen bestreuen. 15–20 Minuten im Ofen backen. Mit Reis oder Couscous servieren.

# 30 Deftige Pilzsuppe

**Für 4 Personen**

25 g Butter
1 große Zwiebel, gehackt
1 Lauchstange, in feine Scheiben geschnitten
2 Knoblauchzehen, zerdrückt
300 g braune Champignons, grob gewürfelt
2 EL Mehl
500 ml Gemüsebrühe
400 ml Milch
1 EL gehackter frischer Estragon
Salz und frisch gemahlener schwarzer Pfeffer
knuspriges Brot

- Die Butter bei niedriger Hitze in einem Topf zerlassen. Zwiebel, Lauch und Knoblauch darin glasig dünsten.
- Hitze erhöhen und die Champignons zugeben, dabei gut umrühren. Unter Rühren weitere 1–2 Minuten braten.
- Mehl einrühren und unter Rühren 1 Minute anbraten.
- Topf vom Herd nehmen und nach und nach die Brühe einrühren. Dabei immer wieder gut umrühren.
- Wenn die gesamte Brühe eingerührt ist, zurück auf den Herd stellen, zum Kochen bringen und bei geringer Hitze einige Minuten köcheln lassen.
- Milch einrühren und zum Sieden bringen. Gehackten Estragon einrühren und abschmecken.
- In Suppenschalen füllen und mit knusprigem Brot servieren.

---

**1** **Pilzpfanne** 2 EL Butter im Wok erhitzen. 300 g braune Champignons, je 1 Zwiebel und Lauchstange in Scheiben schneiden und mit 2 gehackten Knoblauchzehen in den Wok geben. Bei großer Hitze 6–8 Minuten braten, dabei umrühren. Vom Herd nehmen, 4 EL helle Sojasauce einrühren, mit Nudeln oder Reis servieren.

**2** **Omelett mit Pilzen, Lauch und Estragon** Ofen auf Grillstufe vorheizen. 2 EL Butter in einer großen beschichteten Pfanne erhitzen. 1 fein geschnittene Lauchstange, 2 gehackte Knoblauchzehen und 300 g klein geschnittene braune Champignons dazugeben. Unter Rühren 2–3 Minuten anbraten, dann 6 verquirlte Eier in die Pfanne gießen. Würzen, mit 1 EL gehacktem Estragon bestreuen und 6–8 Minuten backen, bis der Boden fest wird. Die Pfanne in den vorgeheizten Ofen unter den Grill stellen und 3–4 Minuten backen, bis die Oberfläche goldbraun wird und sich wölbt. Mit knusprigem Brot und Salat servieren.

# Erbsensuppe mit Salat und Estragon

**Für 4 Personen**
2 EL Butter
8 Frühlingszwiebeln, gehackt
750 g TK-Erbsen
1 EL gehackter frischer Estragon
1 Römersalat, fein geschnitten
1 l heiße Gemüsebrühe
2 EL Crème double
Salz und frisch gemahlener schwarzer Pfeffer
Estragonzweige zum Garnieren (nach Belieben)

- Butter in einem großen Topf bei mittlerer Hitze zerlassen. Frühlingszwiebeln dazugeben und unter Rühren 2 Minuten anbraten.
- Erbsen, die Hälfte des Estragon und den Römersalat dazugeben, 1 Minute garen.
- Mit Gemüsebrühe übergießen, aufkochen und bedeckt 5 Minuten gar köcheln lassen.
- Suppe in einen Standmixer geben, den restlichen Estragon einstreuen, glatt pürieren und abschmecken.
- Auf vier Suppenschalen verteilen, die Crème double spiralförmig einrühren und schwarzen Pfeffer frisch darübermahlen. Nach Belieben mit Estragonzweigen garnieren.

---

**Blattsalat mit Erbsen, Tomaten und Frühlingszwiebeln** Blätter von 2 Römersalaten waschen und in eine Schüssel geben. 8 Frühlingszwiebeln und 4 Flaschentomaten in Scheiben schneiden und zum Salat geben. 500 g Erbsen blanchieren, 12 Radieschen in Scheiben schneiden und alles zum Salat geben. Den Saft von 1 Zitrone, 6 EL Olivenöl, 1 TL Dijonsenf, 2 EL fein gehackten Estragon und 2 TL flüssigen Honig verrühren. Das Dressing abschmecken und über den Salat geben. Gut vermengen und servieren.

**Taboulé mit Quinoa und Salat** 200 g Quinoa in einen Topf geben und 2–3 Minuten ohne Fett anbraten. 600 ml heiße Gemüsebrühe zugießen, aufkochen und gründlich umrühren. Bei niedrigerer Hitze 15–20 Minuten köcheln, bis die Flüssigkeit aufgesogen ist. In der Zwischenzeit Blätter von 1 Römersalat fein schneiden und in eine große Salatschüssel geben. 400 g Erbsen blanchieren und mit 6 fein gehackten Frühlingszwiebeln sowie je 4 EL Estragon und Petersilie, beides fein gehackt, in die Salatschüssel geben. Quinoa zum Gemüse geben, mit 5 EL Olivenöl und dem Saft von 1 Orange übergießen. Abschmecken, gut mischen und servieren.

# Herzhafte Minestrone

**Für 4 Personen**
3 Karotten, grob gewürfelt
1 rote Zwiebel, grob gehackt
6 Selleriestangen, grob gewürfelt
2 EL Olivenöl
2 Knoblauchzehen, zerdrückt
200 g Kartoffeln, geschält und
   in 1 cm große Würfel geschnitten
4 EL Tomatenmark
1,5 l Gemüsebrühe
400 g gehackte Tomaten
   aus der Dose
150 g Suppennudeln
400 g Cannellinibohnen aus der Dose
100 g frischer Spinat
Salz und frisch gemahlener
   schwarzer Pfeffer

- Karotten, Zwiebeln und Sellerie in der Küchenmaschine fein hacken.
- Öl in einem großen Topf erhitzen. Gehacktes Gemüse, Knoblauch, Kartoffeln, Tomatenmark, Gemüsebrühe, Tomaten und Nudeln dazugeben. Zum Kochen bringen und bei niedriger Hitze 12–15 Minuten bedeckt köcheln lassen.
- 2 Minuten vor Ende der Kochzeit die Cannellinibohnen und den Spinat in die Suppe geben.
- Abschmecken und mit knusprigem Brot servieren.

---

**Nudelsalat mit Bohnen und Spinat** 200 g kurze Nudeln (z. B. Penne oder Rigatoni) nach Packungsangabe kochen. 400 g Cannellinibohnen aus der Dose, abgegossen, in eine große Schüssel geben, 100 g frischen Spinat, 2 grob gewürfelte Karotten, ½ fein geschnittene rote Zwiebel und die Nudeln dazugeben. Mit 6 EL Vinaigrette vermischen, servieren.

**Deftige Nudelsauce** 2 EL Olivenöl in einer großen Pfanne erhitzen. 2 gehackte Knoblauchzehen, 1 gehackte rote Zwiebel, 2 klein geschnittene Selleriestangen, 1 klein gewürfelte Karotte und 400 g gehackte Tomaten aus der Dose dazugeben. Aufkochen und 12–15 Minuten köcheln lassen. In der Zwischenzeit 400 g kurze Pasta nach Packungsangabe kochen. 100 g jungen Spinat und 200 g Cannellinibohnen aus der Dose, abgegossen, in die Sauce rühren. Gut würzen, Sauce auf die abgetropften Nudeln geben, Parmesan darüberreiben und servieren.

# Gekühlte grüne Gazpacho

**Für 4 Personen**

2 Selleriestangen mit Blättern
1 kleine grüne Paprika, entkernt
1 große Salatgurke, geschält
3 Scheiben altbackenes Weißbrot ohne Kruste
1 grüne Chilischote, entkernt
4 Knoblauchzehen
1 TL flüssiger Honig
150 g Walnüsse, leicht geröstet
200 g frischer Spinat
50 g Basilikumblätter
4 EL Apfelessig
250 ml Olivenöl extra vergine zzgl. etwas zum Beträufeln
6 EL Naturjoghurt
500 ml Eiswasser
1 Handvoll Eiswürfel
Salz und frisch gemahlener schwarzer Pfeffer
Croûtons zum Servieren

- Vier Suppenschalen kalt stellen. Selleriestangen, Paprika, Gurke, Brotscheiben, Chilischote und Knoblauch grob hacken.

- Gehackte Zutaten in einen leistungsstarken Mixer geben. Honig, Walnüsse, Spinat, Basilikum, Apfelessig, Olivenöl, Joghurt, einen Großteil des Eiswassers und die Eiswürfel dazugeben und gut würzen. Alles glatt pürieren und bei Bedarf mehr Eiswasser zugeben, bis die gewünschte Konsistenz erreicht ist.

- Suppe probieren und nach Geschmack nachwürzen.

- Suppe in die gekühlten Schalen füllen, Croûtons darüberstreuen und mit ein wenig Olivenöl beträufeln.

---

### Grüner Gemüsesalat

4 Selleriestangen, 1 Gurke und 1 grüne Paprika in feine Scheiben schneiden. Zusammen mit 100 g frischem Spinat in eine große Salatschüssel geben. 150 g Naturjoghurt mit dem Saft von 1 Limette, 1 zerdrückten Knoblauchzehe, 1 TL flüssigem Honig und 1 fein gewürfelten grünen Chilischote in eine kleine Schüssel geben und zu einem Dressing verrühren. Dressing über den Salat geben und mit 1 Handvoll Croûtons servieren.

### Scharfer grüner Pilaw mit Walnüssen

500 g Basmatireis nach Packungsangabe kochen. 100 g Walnüsse hacken und rösten. 3 EL Olivenöl in einem Topf erhitzen. 1 grüne Paprika und 2 grüne Chilischoten fein hacken und 8 Frühlingszwiebeln in dünne Scheiben schneiden. Gemüse mit 4 zerdrückten Knoblauchzehen in die Pfanne geben und 5–6 Minuten anbraten, dabei ständig rühren. 200 g frischen Spinat grob hacken und mit 2 TL zerstoßenen Kreuzkümmelsamen in die Pfanne geben. Weitere 3–4 Minuten unter Rühren braten, bis der Spinat weich wird. Basmatireis dazugeben, gut würzen und weitere 3–4 Minuten unter Rühren braten, bis alles sehr heiß ist. Mit Walnüssen servieren.

# Scharfe jamaikanische Maissuppe

**Für 4 Personen**

1 EL Olivenöl
1 große Zwiebel, fein gehackt
2 Knoblauchzehen, fein gehackt
1 TL Cayennepfeffer
200 g gespaltene rote Linsen
1 l heiße Gemüsebrühe
400 ml Kokosmilch aus der Dose
1 Scotch-Bonnet-Chilischote
1 EL frischer Thymian
200 g Kartoffeln, geschält und in 1 cm große Würfel geschnitten
200 g Karotten, geschält und in 1 cm große Würfel geschnitten
400 g Mais aus der Dose, abgegossen
2 rote Paprika, in 1 cm große Würfel geschnitten
Salz und frisch gemahlener schwarzer Pfeffer
gehackter frischer Koriander zum Garnieren

- Vier Suppenschälchen vorwärmen. Das Öl in einem Topf erhitzen. Zwiebel und Knoblauch unter Rühren 2–3 Minuten glasig braten.

- Hitze erhöhen und Cayennepfeffer, rote Linsen, Gemüsebrühe, Kokosmilch, Chilischote, Thymian, Kartoffeln, Karotten, Mais und Paprika dazugeben. Zum Kochen bringen und 15–20 Minuten köcheln lassen.

- Die Chilischote aus der Suppe nehmen. Suppe in vorgewärmte Schalen füllen und etwas schwarzen Pfeffer darübermahlen. Mit gehacktem frischen Koriander garniert serviert.

**Maiscurry mit roter Paprika**

1 EL Olivenöl in einem Topf erhitzen. 1 Zwiebel und 2 Knoblauchzehen hacken, 2 Paprika in kleine Würfel schneiden und alles mit 600 g Mais aus der Dose 1–2 Minuten anbraten. 1 EL mildes Currypulver und 600 ml Kokosmilch dazugeben und aufkochen. 3–4 Minuten köcheln lassen, dann vom Herd nehmen. 4 EL fein gehackten frischen Koriander unterrühren und mit Reis servieren.

**Scharfe Mais-Kartoffel-Pfanne**

1 EL Olivenöl in einer großen Pfanne erhitzen. 1 Zwiebel, 2 Knoblauchzehen und ein Viertel einer Scotch-Bonnet-Chilischote fein hacken (beim Hacken der Chilischote am besten Handschuhe tragen, da sie sehr scharf ist). Alles zusammen mit 1 TL Cayennepfeffer in die Pfanne geben und 1–2 Minuten unter Rühren anbraten. 200 g Kartoffeln und Karotten grob raspeln und zusammen mit 500 g Mais aus der Dose und 1 fein gewürfelten roten Paprika in die Pfanne geben. 200 ml Kokosmilch einrühren und bei großer Hitze 10 Minuten kochen, bis die Flüssigkeit verdampft und das Gemüse gar ist. Dabei ständig rühren. Mit gehacktem frischen Koriander garnieren. Dazu knuspriges Brot und nach Geschmack ein Spiegelei servieren.

# Orientalische Reissuppe mit Gemüse und Ei

**Für 4 Personen**

4 Frühlingszwiebeln
100 g Pak Choi (Senfkohl), grob geschnitten
2 EL Pflanzenöl
2,5 cm Ingwer, fein gerieben
2 Knoblauchzehen, fein gehackt
200 g Jasminreis
100 ml Reiswein
2 EL Sojasauce
1 TL Reisweinessig
1 l heiße Gemüsebrühe
4 Eier
1 EL Chiliöl zum Beträufeln

- Die Frühlingszwiebeln in feine Scheiben schneiden. Die weißen und die grünen Zwiebelteile trennen. Die grünen Teile in einer Schüssel mit dem Pak Choi vermischen.
- Das Öl langsam in einem Topf erhitzen. Sobald es heiß ist, die weißen Zwiebelteile zusammen mit Ingwer und Knoblauch hineingeben und unter Rühren 2–3 Minuten anbraten.
- Jasminreis zugeben, umrühren, dann mit dem Wein übergießen und etwa eine Minute aufkochen.
- Sojasauce, Reisweinessig und Gemüsebrühe zugießen und 10–12 Minuten köcheln lassen, dabei gelegentlich umrühren. Schließlich die Frühlingszwiebel-Pak-Choi-Mischung einrühren und weitere 2–3 Minuten köcheln. Währenddessen die Eier pochieren.
- Die Suppe in 4 flache Suppenschalen schöpfen. In jede Schale ein pochiertes Ei geben, mit etwas Chiliöl beträufeln und servieren.

---

 **Orientalischer Reissalat mit Pak Choi**

300 g Pak Choi grob hacken und blanchieren. 6 Frühlingszwiebeln schneiden und zusammen mit dem Pak Choi und 500 g gekochtem Jasminreis in eine Schüssel geben. 1 zerdrückte Knoblauchzehe, 1 TL geriebenen Ingwer, ¼ TL Chiliöl, 2 EL helle Sojasauce, den Saft von 2 Limetten, 1 Schuss Reisweinessig und 4 EL Pflanzenöl zu einem Dressing verrühren. Abschmecken, über den Salat geben, gut mischen und servieren.

 **Gemüsepfanne mit Eiernudeln**

2 EL Pflanzenöl in einem großen Wok erhitzen. 8 Frühlingszwiebeln und 1 rote Paprika in Scheiben schneiden und zusammen mit 2 gehackten Knoblauchzehen und 1 TL fein gehacktem frischem Ingwer in den Wok geben. Unter Rühren 3–4 Minuten bei mittlerer Hitze anbraten. 400 g Pak Choi grob hacken und in den Wok geben, weitere 2–3 Minuten unter Rühren braten. 1 EL Maismehl, 6 EL helle Sojasauce, 100 ml Gemüsebrühe, 1 TL Chiliöl und 4 EL Reisweinessig in einer Schüssel verrühren. Die Sauce in den Wok gießen und alles bei großer Hitze 2–3 Minuten kochen. 400 g gekochte frische Eiernudeln dazugeben, gut vermischen und erhitzen. Danach sofort servieren.

# 30 Rote Linsensuppe mit Spinat

**Für 4 Personen**

250 g getrocknete rote Linsen
3 EL Sonnenblumenöl
1 große Zwiebel, fein gehackt
2 Knoblauchzehen, zerdrückt
2,5 cm Ingwer, fein gerieben
1 rote Chilischote, entkernt und gehackt, zzgl. etwas zum Garnieren (nach Geschmack)
1 EL mittelscharfes Currypulver
300 ml heiße Gemüsebrühe
200 g gehackte Tomaten aus der Dose
100 g junger Spinat
25 g gehackter frischer Koriander zzgl. etwas zum Garnieren
100 ml Kokosmilch
Salz und frisch gemahlener schwarzer Pfeffer
4 EL Naturjoghurt zum Anrichten

- Linsen in einen Topf geben, 900 ml kaltes Wasser angießen. Zum Kochen bringen, den aufsteigenden Schaum abschöpfen und die Linsen 10 Minuten köcheln lassen, bis sie zu zerfallen beginnen. Vom Herd nehmen und beiseitestellen.

- Vier Suppenteller vorwärmen. Öl in einem großen Topf erhitzen, Zwiebel hineingeben und 5 Minuten leicht anbraten. Knoblauch, Ingwer und Chili dazugeben und weitere 2 Minuten braten. Currypulver und ½ TL frisch gemahlenen schwarzen Pfeffer einrühren und weitere 2 Minuten braten.

- Gemüsebrühe, Linsen mit Flüssigkeit, Tomaten, Spinat und Koriander in den Topf geben und nach Geschmack salzen. Abdecken und 5 Minuten köcheln lassen.

- Kokosmilch einrühren und die Suppe mit dem Stabmixer fast glatt pürieren. In die vorgewärmten Teller schöpfen und mit je 1 EL Naturjoghurt anrichten. Mit frischen Korianderblättern, frisch gemahlenem schwarzen Pfeffer und nach Geschmack mit fein gehackter roter Chilischote garniert servieren.

**Pilau-Pilaw mit Spinat und grünen Linsen**

1 EL Öl in einem großen Wok erhitzen. 1 Zwiebel, 1 Chilischote und 2 Knoblauchzehen fein hacken und mit 1 TL geriebenem Ingwer und 1 TL Currypulver in den Wok geben. 1–2 Minuten unter Rühren anbraten. 2 Packungen Express-Reis (à 250 g), 75 g gehackten frischen Spinat und 100 ml heiße Gemüsebrühe dazugeben. Unter Rühren bei großer Hitze 5–6 Minuten kochen, bis alles kochend heiß ist. 200 g grüne Linsen aus der Dose, abgegossen, einrühren. Weiterkochen, bis alles heiß ist. Abschmecken und warm mit Naturjoghurt servieren.

**Spinat-Tomaten-Curry mit Kokosmilch**

2 EL Öl in einer Pfanne erhitzen. 1 Zwiebel, 1 Chilischote und 2 Knoblauchzehen fein hacken und mit 1 TL geriebenem Ingwer und 1 TL Currypulver in die Pfanne geben. 1–2 Minuten unter Rühren anbraten, 400 g gehackte Tomaten aus der Dose, 200 ml Kokosmilch und 300 g Spinat dazugeben. Rühren, würzen, bei mittlerer Hitze 10–12 Minuten kochen, bis der Spinat weich ist. 1 Handvoll gehackten frischen Koriander einrühren und mit Basmatireis servieren.

# Spinatsalat mit Hülsenfrüchten und Avocadodressing

**Für 4 Personen**
150 g frischer Spinat
1 große Karotte, grob gerieben
150 g mittelgroße Rispentomaten, geviertelt
1 kleine rote Paprika, entkernt und dünn geschnitten
400 g gemischte Bohnen aus der Dose, abgegossen
100 g Kichererbsen aus der Dose, abgegossen
2 EL Kürbiskerne, leicht geröstet

*Für das Avocadodressing*
1 reife Avocado
1 TL Dijonsenf
Saft von 1 Zitrone
1 EL flüssiger Honig
1 Spritzer Tabasco
4 EL Olivenöl extra vergine
Salz und frisch gemahlener schwarzer Pfeffer

- Spinat und Karotte vermischen und auf eine große Salatplatte oder in eine große Schüssel geben.
- Tomaten und Paprika dazugeben, Bohnen und Kichererbsen darüber verteilen und mit gerösteten Kürbiskernen bestreuen.
- Avocado halbieren und entsteinen. Fruchtfleisch mit Dijonsenf, Zitronensaft, Honig und Tabasco in einen Mixer geben und glatt pürieren. Mixer laufen lassen und nach und nach Öl und 2–3 EL warmes Wasser zugeben. Abschmecken.
- Salat mit Dressing übergießen und servieren.

---

 **Deftige Bohnen-Spinat-Suppe**
800 ml Tomatencremesuppe aus der Dose in einem großen Topf erhitzen. 400 g gemischte Bohnen aus der Dose, abgegossen, mit 200 g gehacktem Spinat in die Suppe geben. Aufkochen und 5–6 Minuten köcheln lassen, dann abschmecken und servieren.

 **Überbackene Kichererbsen-Spinat-Töpfchen** Ofen auf 200 °C vorheizen. 2 EL Olivenöl in einer großen Pfanne erhitzen. 1 Zwiebel und ½ rote Paprika hacken und mit 1 zerdrückten Knoblauchzehe vorsichtig glasig braten. 2 TL zerstoßene Kreuzkümmelsamen, 2 TL zerstoßene Koriandersamen und 1 TL geräuchertes Paprikapulver zugeben und 1 Minute braten. 400 g Rispentomaten und 150 g Spinat hacken und mit 200 g Kichererbsen aus der Dose, abgegossen, in die Pfanne geben. Aufkochen und 5 Minuten köcheln lassen. 200 g Naturjoghurt verrühren und zum Gemüse geben. Gut würzen und in vier kleine, tiefe Auflaufformen geben. Mit 100 g geriebenem Cheddar bestreuen und 10–15 Minuten überbacken, bis alles sehr heiß ist.

# Couscous-Avocado-Salat Tricolore

**Für 4 Personen**
200 g Couscous
300 ml heiße Gemüsebrühe
250 g Kirschtomaten
2 Avocados, geschält, entsteint und gehackt
150 g Mozzarella, abgegossen und gewürfelt
1 Handvoll Rucola

*Für das Dressing*
2 EL grünes Pesto
1 EL Zitronensaft
4 EL Olivenöl extra vergine
Salz und frisch gemahlener schwarzer Pfeffer

- Couscous und Gemüsebrühe (oder kochendes Wasser) in einer Schüssel verrühren, mit einem Teller abdecken und 10 Minuten quellen lassen.
- Für das Dressing Pesto und Zitronensaft vermischen und würzen, dann nach und nach das Öl einrühren. Über den Couscous geben und mit einer Gabel vermengen.
- Tomaten, Avocado und Mozzarella dazugeben, gut vermischen und zum Schluss vorsichtig den Rucola unterrühren.

---

**Italienisches Ciabatta mit Kirschtomaten, Avocado und Mozzarella**
250 g Kirschtomaten, das Fleisch von 2 Avocados und 200 g Mozzarella klein scheiden und gut würzen. 4 Ciabattabrötchen aufschneiden, leicht toasten und mit je 2 EL Pesto aus dem Glas bestreichen. Avocadomasse auf die Brötchenhälften verteilen, mit etwas Rucola garnieren und servieren.

**Pasta mit Kirschtomaten, Avocado und Mozzarella**
300 g Kirschtomaten, das Fleisch von 2 Avocados, 50 g Rucola und 200 g Mozzarella klein schneiden. Mit 6 EL Pesto aus dem Glas und 2 EL Olivenöl in eine Schüssel geben und gut vermischen. Bei Zimmertemperatur 15 Minuten ziehen lassen, damit sich das Aroma verteilt. In der Zwischenzeit 400 g Spaghetti nach Packungsangabe kochen, abgießen und in eine große Schale geben. Kirschtomatenmischung über die Spaghetti geben, gut vermischen und servieren.

# 30 Vegetarischer Caesar's Salad mit Kräuter-Knoblauch-Croûtons

**Für 4 Personen**

*Für die Croûtons*
2 Scheiben knuspriges Brot, gewürfelt
je 2 TL Knoblauchsalz und
  getrocknete Kräuter
3 EL Olivenöl

*Für das Dressing*
2 Knoblauchzehen, zerdrückt
2 EL Kapern aus dem Glas,
  abgegossen
2 EL Zitronensaft
2 TL Dijonsenf
1 TL Zucker oder flüssiger Honig
8 EL geriebener Parmesan
100 g Naturjoghurt
Salz und frisch gemahlener
  schwarzer Pfeffer

*Für den Salat*
2 rote Äpfel, entkernt und gewürfelt
4 Selleriestangen, dünn geschnitten
1 Römersalat, zerpflückt
4 Frühlingszwiebeln, dünn geschnitten
1 Bd. Schnittlauch, gehackt
4 hart gekochte Eier, gepellt, halbiert

- Ofen auf 200 °C vorheizen. Für die Croûtons die Brotwürfel in eine Schüssel geben, Knoblauchsalz und Trockenkräuter darüberstreuen, mit Olivenöl beträufeln und alles gut mischen.

- Croûtons gleichmäßig auf ein Backblech verteilen und 10–12 Minuten backen, bis sie goldbraun und knusprig sind. Aus dem Ofen nehmen und beiseitestellen.

- Knoblauch, Kapern, Zitronensaft, Dijonsenf, Zucker oder Honig, Parmesan und Joghurt in einen Mixer geben und zu einem glatten Dressing verrühren. Mit schwarzem Pfeffer würzen. Bis zum Servieren kalt stellen (das Dressing kann auch schon am Vortag zubereitet werden).

- Äpfel, Sellerie, Salat, Frühlingszwiebeln und Schnittlauch in eine große Salatschüssel geben.

- Das Dressing über den Salat geben und gut vermischen.

- Mit den hart gekochten Eiern garnieren und mit den Croûtons bestreuen und servieren.

 **Knackiger Salat mit Croûtons**

2 Frühlingszwiebeln, 2 Selleriestangen, 1 Salatgurke in Scheiben schneiden und mit den Blättern von 2 Römersalaten in eine Schüssel geben. 8 EL Caesar-Salatdressing aus dem Glas darübergeben, mit 100 g Croûtons aus der Packung bestreuen, mischen und servieren.

 **Nudelsalat „Caesar's"**

200 g Penne oder andere kurze Nudeln nach Packungsangabe kochen. Blätter von 1 Römersalat, 6 Frühlingszwiebeln und 2 Selleriestangen grob schneiden, mit 1 kleinen Handvoll Schnittlauch (gehackt) und 4 hart gekochten Eiern (gehackt) in eine Schüssel geben. Nudeln abgießen und im Sieb unter kaltem Wasser abkühlen, dann abtropfen und zum Salat geben. 8 EL Caesar-Salatdressing aus dem Glas (oder nach dem Rezept oben) darübergeben, würzen, gut vermischen und servieren.

# Warmer Nudelsalat mit Zitrone und Brokkoli

**Für 4 Personen**

400 g Penne oder Rigatoni
150 g Brokkoliröschen
100 g TK-Sojabohnen
100 g TK-Erbsen
100 g Zuckerschoten, gesäubert
150 g Frischkäse mit Knoblauch und Kräutern
fein geriebene Schale und Saft von 1 Zitrone
4 EL Olivenöl
1 rote Chilischote, entkernt und fein gehackt
100 g Pecorino, gerieben
2 EL gehackter frischer Estragon
Salz und frisch gemahlener schwarzer Pfeffer

- Nudeln nach Packungsangabe in einem großen Topf kochen und 3 Minuten vor Ende der Kochzeit Brokkoliröschen, Sojabohnen, Erbsen und Zuckerschoten zugeben.
- Nudeln und Gemüse abgießen, dabei einen Schöpflöffel des Kochwassers auffangen. Dann Nudeln und Gemüse wieder in den Topf geben.
- Frischkäse, Zitronenschale und -saft, Olivenöl, Chili, Pecorino, Estragon, Gewürze nach Geschmack und einen Schuss vom Kochwasser einrühren.
- Salat warm oder lauwarm servieren.

---

### Schnelle Brokkoli-Gemüse-Pfanne

300 g Brokkoliröschen blanchieren. 2 EL Olivenöl in einem Wok erhitzen. Brokkoli, 100 g Sojabohnen, 100 g Erbsen, 100 g Zuckerschoten, 2 zerdrückte Knoblauchzehen, 1 gehackte rote Chilischote und 1 TL geriebenen Ingwer in den Wok geben und bei hoher Hitze 4–5 Minuten braten, dabei ständig rühren. 1 Packung Fertigsauce für Gemüsepfanne nach Wahl (100 g) einrühren. Weitere 2–3 Minuten unter Rühren braten und auf gekochten Nudeln servieren.

###  Nudelauflauf mit Brokkoli und Hülsenfrüchten

Ofen auf 220 °C vorheizen. 500 g Rigatoni nach Packungsangabe kochen und in eine gefettete Auflaufform geben. 150 g Brokkoliröschen blanchieren und mit 100 g Erbsen, 100 g Sojabohnen und 100 g Zuckerschoten zu den Nudeln geben. Gut durchmischen. In einer Schüssel 3 Eier mit 1 EL fein geriebener Zitronenschale, 2 TL fein gehacktem Estragon und 150 g Knoblauch-Kräuter-Frischkäse verquirlen. Gut abschmecken und über die Nudeln und das Gemüse gießen. Mit 100 g geriebenem Pecorino bestreuen und 15–20 Minuten im Ofen backen, bis der Auflauf köchelt und der Käse goldgelb geschmolzen ist. Heiß oder lauwarm servieren.

 # Warmer marokkanischer Bulgursalat mit gegrilltem Gemüse

**Für 4 Personen**

2 EL Harissa (Gewürzpaste)
2 EL Olivenöl
500 g Butternut-Kürbis
 und Süßkartoffeln, gewürfelt
2 rote Paprika, entkernt und in
 mundgerechte Stücke geschnitten
125 g Bulgur
600 ml heiße Gemüsebrühe
200 g Naturjoghurt
2 Knoblauchzehen, zerdrückt
Saft von 1 Zitrone
6 EL gehackter frischer Koriander
6 EL fein gehackte frische Minze
Salz und frisch gemahlener
 schwarzer Pfeffer

- Ofen auf 200 °C vorheizen. Harissa und Öl in einer Schüssel verrühren. Butternut-Kürbis, Süßkartoffeln und rote Paprika dazugeben und gut durchmengen, sodass das Gemüse mit der Gewürzmischung bedeckt ist.

- Gemüse auf einem großen Backblech verteilen und im Ofen 20 Minuten grillen, bis das Gemüse weich und an den Kanten dunkel wird.

- In der Zwischenzeit den Bulgur in eine große Schüssel geben, mit Gemüsebrühe übergießen, abdecken und 15 Minuten quellen lassen, bis der Bulgur weich ist, aber noch etwas Biss hat.

- Joghurt in eine andere Schüssel geben, Knoblauch und Zitronensaft einrühren und abschmecken.

- Bulgur leicht abkühlen lassen. Dann das gegrillte Gemüse und die gehackten Kräuter untermischen. Warm mit Joghurtmischung servieren.

---

 **Blitzsuppe mit Harissa und gegrilltem Gemüse** Vier Suppenschalen vorwärmen. Das gegrillte Gemüse aus dem Rezept oben mit 500 ml heißer Gemüsebrühe in einen Mixer geben, dazu 1 EL Harissa und je 3 EL gehackten Koriander und Minze. Alles im Mixer glatt pürieren und in den warmen Schalen mit je 1 Klecks Naturjoghurt anrichten.

 **Orientalischer Kürbis-Süßkartoffel-Eintopf** 2 EL Olivenöl in einem Topf erhitzen. 1 Zwiebel, und je 2 Knoblauchzehen und rote Paprika fein hacken. 400 g Butternut-Kürbis und Süßkartoffeln fein würfeln. Alles 1–2 Minuten unter Rühren anbraten. 500 ml heiße Gemüsebrühe und 1 EL Harissa einrühren und aufkochen. 10–15 Minuten köcheln lassen, bis das Gemüse gar ist. Würzen und je 2 EL gehackter Koriander und Minze einrühren. Mit Bulgur oder Couscous servieren.

# Spinatsalat mit Wachteleiern

**Für 4 Personen**

100 g frischer Spinat
1 rote Zwiebel, in Scheiben geschnitten
200 g rote und gelbe Kirschtomaten, halbiert
1 EL körniger Senf
6 EL Avocadoöl
Saft von 1 Zitrone
1 TL flüssiger Honig
12 Wachteleier, hart gekocht und gepellt
Salz und frisch gemahlener schwarzer Pfeffer

- Spinat, rote Zwiebel und Tomaten in eine große Schüssel geben und vermischen.
- Senf, Avocadoöl, Zitronensaft und Honig in eine kleine Schale geben, gut würzen und verrühren.
- Den Salat auf vier große Teller verteilen.
- 4 Wachteleier halbieren, die übrigen ganz lassen. Alle über den Salat verteilen, mit Dressing begießen und servieren.

### Ciabatta mit Wachteleiern und Salat

4 warme Ciabattabrötchen halbieren und die Unterseiten mit je 2 EL Mayonnaise und 1 EL körnigem Senf bestreichen. 1 rote Zwiebel in Scheiben schneiden und mit 1 kleinen Handvoll jungem Spinat sowie 100 g halbierten Kirschtomaten vermischen. Diese Salatmischung auf die Ciabatta-Unterseiten verteilen. Darauf je 3 halbierte hart gekochte Wachteleier. Die Ciabatta-Oberseiten darauf klappen und servieren.

### Warmer Reissalat mit Wachteleiern

200 g Express-Reis nach Packungsangabe zubereiten. 1 rote Zwiebel fein hacken, 400 g rote und gelbe Kirschtomaten halbieren. Gemüse mit 100 g frischem Spinat und 12 hart gekochten, halbierten Wachteleiern in eine Schüssel geben. 6 EL Avocadoöl, den Saft von 1 Zitrone, 1 TL flüssigen Honig und 1 TL körnigen Senf zu einem Dressing verrühren und gut würzen. Dressing über den Salat geben, dazu den warmen, gekochten Reis und 1 kleine Handvoll gehackte glatte Petersilie. Gut mischen und servieren.

# Salat mit Wassermelone, grünen Bohnen und Feta

**Für 4 Personen**

300 g grüne Bohnen, halbiert
1 rote Zwiebel
Saft von 2 Limetten
1,5 kg Wassermelone, reif und süß
250 g Feta
100 g schwarze Oliven ohne Stein
1 Bd. glatte Petersilie, grob gehackt
5 EL Olivenöl extra vergine
Salz und frisch gemahlener schwarzer Pfeffer

- Grüne Bohnen in kochendem Wasser 3–5 Minuten blanchieren. Abgießen, mit kaltem Wasser abschrecken und beiseitestellen.
- Die rote Zwiebel halbieren und in dünne Scheiben schneiden. Mit den abgetropften Bohnen in eine kleine Schüssel geben, mit Limettensaft übergießen und ziehen lassen. Mit Salz abschmecken.
- Fleisch der Wassermelone entkernen und in mundgerechte Stücke schneiden. Feta ebenfalls in Würfel schneiden und beides in eine große, flache Schale geben.
- Rote Zwiebeln und Bohnen mit dem Saft dazugeben. Oliven und Kräuter darüberstreuen.
- Gut würzen, mit Olivenöl beträufeln und lauwarm servieren.

**Marokkanischer Orangen-Oliven-Salat mit Feta** 4 große Orangen schälen und filetieren, dabei den Saft auffangen. Mit 100 g schwarzen Oliven ohne Steine und 250 g gewürfeltem Feta in eine Schüssel geben. 4 EL Olivenöl darüberträufeln und mit 2 TL marokkanischer Gewürzmischung bestreuen. Würzen, gut mischen und mit 1 kleinen Handvoll frischen Minzeblättern garniert servieren.

**Quinoasalat mit Oliven, grünen Bohnen und Feta** Ofen auf 220 °C vorheizen. Quinoa nach Packungsangabe zubereiten, abkühlen lassen und in eine große Schüssel geben. 3 rote Zwiebeln vierteln, mit 1 EL Olivenöl beträufeln und im Ofen 12–15 Minuten grillen. 600 g halbierte grüne Bohnen 3–5 Minuten in kochendem Wasser blanchieren, abgießen, mit kaltem Wasser abschrecken und zum Quinoa geben. Geröstete rote Zwiebeln, je 1 Handvoll fein gehackte Minze und Petersilie, 100 g grüne Oliven und 200 g Feta dazugeben. Würzen, mit dem Saft von 1 Orange und 5 EL Olivenöl begießen, gut durchmischen und servieren.

# Schneller Pastasalat mit eingelegtem Gemüse

**Für 4 Personen**

2 Packungen frische Tortellini mit Spinat-Ricotta-Füllung (à 300 g)
300 g eingelegte gegrillte Paprika aus dem Glas, in Scheiben
300 g eingelegte Pilze aus dem Glas, abgegossen
200 g getrocknete Tomaten
25 g frisches Basilikum
50 g Rucola
frisch gemahlener schwarzer Pfeffer

- Salzwasser in einem großen Topf zum Kochen bringen. Tortellini hineingeben und nach Packungsangabe kochen. Gut abgießen und in eine große Schüssel geben.

- Die Paprika aus dem Glas mit ihrem Öl in die Schale gießen, dazu die Pilze und getrockneten Tomaten geben.

- Basilikumblätter und Rucola zugeben. Mit frisch gemahlenem schwarzen Pfeffer würzen, vorsichtig vermischen und warm servieren.

### Italienische Tortellinisuppe

Vier Suppenschälchen vorwärmen. 1 l Gemüsebrühe in einem großen Topf zum Kochen bringen. Je 1 Karotte, Zwiebel und Selleriestange würfeln und in die Brühe geben. Erneut aufkochen und 10 Minuten kochen lassen. 2 Packungen frische Tortellini mit Spinatfüllung (à 300 g) in die Brühe geben und 3–4 Minuten kochen. Vom Herd nehmen und je 25 g gehacktes Basilikum und Rucola einrühren. In den vorgewärmten Suppenschalen servieren.

### Tortelliniauflauf

Ofen auf 200 °C vorheizen. 2 Packungen frische Tortellini mit Spinat-Ricotta-Füllung (à 300 g) nach Packungsangabe kochen, abgießen und in eine Auflaufform geben. 200 g gegrillte gemischte Paprika aus dem Glas, 200 g getrocknete Tomaten und 25 g gehacktes Basilikum zu den Tortellini geben, alles vermischen. 2 Eier, 200 g Crème double und 50 g geriebenen Parmesan verrühren, abschmecken und über die Nudel-Gemüse-Mischung gießen. 15–20 Minuten überbacken, bis die Oberfläche goldgelb ist. Warm mit Rucolasalat servieren.

# Fatousch-Salat

**Für 4 Personen**
200 ml Olivenöl
Saft von 3 Zitronen
1 Knoblauchzehe, zerdrückt
2 TL Gewürzsumach (oder
   ½ TL gemahlener Kreuzkümmel)
Salz und frisch gemahlener
   schwarzer Pfeffer

*Für den Salat*
1 Pita, in kleine Stücke gerissen
6 Flaschentomaten,
   entkernt und grob gewürfelt
½ Salatgurke, geschält und grob
   gewürfelt
10 Radieschen, in Scheiben
   geschnitten
1 rote Zwiebel, grob gehackt
1 Mini-Römersalat, in einzelne Blätter
   zerpflückt
1 kleine Handvoll frische Minzeblätter

- Zuerst das Dressing zubereiten. Dazu Olivenöl, Zitronensaft, Knoblauch und Gewürzsumach (oder Kreuzkümmel) in einer kleinen Schüssel verrühren und abschmecken.
- Für den Salat die Pita-Brotstücke, Tomaten, Gurke, Radieschen, rote Zwiebel, Salatblätter und frische Minzeblätter in einer großen Schüssel vermischen.
- Kurz vor dem Servieren das Dressing über den Salat geben und vorsichtig mischen.

---

**Orientalischer Couscoussalat**

Das Pita im Rezept oben durch 400 g gequollenen Couscous ersetzen. Das Dressing darübergeben, alles gut vermischen und servieren.

**Pita-Minipizza mit Hummus und Salat**

4 Flaschentomaten, ½ Salatgurke, 6 Radieschen und ½ rote Zwiebel fein würfeln. Mit 1 zerdrückten Knoblauchzehe, 4 EL Olivenöl, 2 TL Gewürzsumach und dem Saft von 1 Zitrone in eine große Schüssel geben. Würzen und gut vermischen, dann 15 Minuten ziehen lassen. In der Zwischenzeit 8 Pitas goldgelb toasten und auf vier Teller geben. Jedes Brot mit 2 EL Hummus bestreichen. Darauf den Salat geben. Mit gehackter frischer Minze bestreuen und servieren.

# Fruchtiger Kartoffelsalat

**Für 4 Personen**
6 EL Mayonnaise
Saft von 1 Zitrone
1 TL flüssiger Honig
1 TL körniger Senf
je 3 EL fein gehackter Dill
  und Schnittlauch
Salz und frisch gemahlener
  schwarzer Pfeffer

*Für den Salat*
300 g neue Kartoffeln, geschrubbt
2 Orangen, filetiert
2 Tafeläpfel, entkernt
  und grob gewürfelt
100 g rote und weiße kernlose
  Weintrauben
2 Selleriestangen,
  in dicke Scheiben geschnitten
6 Frühlingszwiebeln,
  in Scheiben geschnitten
4 große Gewürzgurken,
  grob gewürfelt

- Für das Dressing alle Zutaten in einer Schüssel verrühren und abschmecken.
- Die Kartoffeln 15–20 Minuten in Salzwasser gar kochen. Abgießen, kurz abkühlen lassen und dann je nach Größe halbieren oder vierteln.
- Kartoffeln mit den übrigen Salatzutaten in eine Schüssel geben. Das Dressing darübergeben und alles vorsichtig vermischen. Bis zum Servieren kalt stellen.

---

**Fruchtiger Nudelsalat** Die Kartoffeln im Rezept oben durch 200 g Penne ersetzen. Die Nudeln nach Packungsangabe zubereiten und mit Orangen, Äpfeln, Weintrauben, Sellerie und Frühlingszwiebeln in eine Schüssel geben. Das Dressing darübergießen, gut durchmischen und servieren.

**Kartoffel-Frühlingszwiebel-Gratin mit Senfsauce** Ofengrill vorheizen. 600 g gekochte und in Scheiben geschnittene neue Kartoffeln in eine leicht gefettete Auflaufform geben. 6 Frühlingszwiebeln und 2 Selleriestangen in dünne Scheiben schneiden und mit 2 klein gehackten Gewürzgurken zu den Kartoffeln geben. Gut vermischen. 10 EL Mayonnaise mit 2 EL körnigem Senf, je 3 EL gehacktem Dill und Schnittlauch sowie 1 Ei verquirlen. Die Sauce über das Gemüse geben und den Auflauf unter dem Grill 4–5 Minuten überbacken, bis er kocht und die Oberfläche goldgelb wird. Sofort servieren.

# 10 Kachumbar-Basmati-Salat

**Für 4 Personen**
1 rote Zwiebel, fein gehackt
6 reife Tomaten, klein gewürfelt
1 Salatgurke, klein gewürfelt
1 frische rote Chilischote, entkernt und fein gehackt
je 1 kleine Handvoll frischer Koriander und frische Minze, fein gehackt
400 g Basmatireis, gekocht und abgekühlt
Saft von 2 großen Limetten
2 EL geröstete Erdnüsse, grob gehackt
Salz und frisch gemahlener schwarzer Pfeffer

- Zwiebeln, Tomaten, Salatgurke, Chili, Koriander, Minze und Reis in eine Schüssel geben und mit dem Limettensaft übergießen.
- Gut abschmecken, abdecken und bei Zimmertemperatur 5–6 Minuten ziehen lassen.
- Vor dem Servieren gut umrühren und mit gehackten Erdnüssen bestreuen.

## 20 Linguini mit Tomaten-Chili-Kräuter-Sauce

400 g Linguini nach Packungsangabe kochen. 1 rote Zwiebel, 6 Flaschentomaten, 1 rote Chilischote und je 1 kleine Handvoll Koriander- und Minzeblätter fein hacken. Mit 6 EL Olivenöl in eine Schüssel geben und gut vermengen. Die gekochten Nudeln abgießen und auf vier Teller verteilen. Mit der frischen Pastasauce anrichten und sofort servieren.

## 30 Reis-Gemüse-Auflauf mit Käse

Ofen auf 200 °C vorheizen. 1 rote Zwiebel, 6 Tomaten und 1 rote Chilischote hacken und mit 250 g gekochtem Basmatireis in eine leicht gefettete Auflaufform geben. In einer Schüssel 4 Eier, je 1 TL geriebenen frischen Ingwer, fein gehackten Koriander und fein gehackte Minze verquirlen und gut würzen. Den Auflauf mit der Eiermischung übergießen und mit 200 g geriebenem Cheddar bestreuen. 20–25 Minuten überbacken, bis die Eimasse stockt und der Auflauf goldgelb ist. Mit knackigem Blattsalat servieren.

# Couscoussalat mit Paprika und eingelegter Zitrone

**Für 4 Personen**

200 g grober Couscous
750 ml heiße Gemüsebrühe
2 Knoblauchzehen, zerdrückt
½ TL fein geriebener frischer Ingwer
1 TL gemahlener Kreuzkümmel
½ TL Zimtpulver
1 EL geriebene Orangenschale
100 g Kürbiskerne
4 EL Olivenöl
1 rote und 1 gelbe Paprika, entkernt und fein gewürfelt
4 Frühlingszwiebeln, in dünne Scheiben geschnitten
100 g Kirschtomaten, geviertelt
1 EL eingelegte Zitrone, abgegossen und fein gehackt
Saft von 1 großen Orange
je 2 EL fein gehackter frischer Koriander und Minze

- Couscous mit Gemüsebrühe, Knoblauch, Ingwer, Kreuzkümmel, Zimtpulver und Orangenschale in einen Kochtopf geben. Zum Kochen bringen und 10–12 Minuten köcheln lassen, bis der Couscous bissfest ist.

- In der Zwischenzeit die Kürbiskerne in einer Pfanne ohne Öl leicht rösten.

- Couscous abtropfen lassen und mit Olivenöl, Paprika, Frühlingszwiebeln, Tomaten und eingelegter Zitrone in eine Schüssel geben.

- Orangensaft darübergießen. Mit gehackten Kräutern und gerösteten Kürbiskernen bestreuen, vorsichtig mischen und servieren.

---

**Gemüsebrühe mit grobem Couscous**
Je 1 rote und gelbe Paprika fein würfeln. 4 Frühlingszwiebeln in Scheiben schneiden, mit den Paprika, 1 zerdrückten Knoblauchzehe und 1,2 l heißer Gemüsebrühe in einem Topf zum Kochen bringen, bei großer Hitze 6–7 Minuten kochen. 100 g gequollenen groben Couscous einrühren, dazu je 2 EL gehackte Koriander- und Minzeblätter. Umrühren, würzen, servieren.

**Tajine mit bunten Paprika** 3 EL Olivenöl in einem Topf erhitzen. Je 1 grüne und gelbe Paprika entkernen und fein würfeln. 4 Frühlingszwiebeln, und 2 Knoblauchzehen hacken und mit den Paprika, 1 TL geriebenem frischem Ingwer sowie ¼ TL gemahlenem Kreuzkümmel in den Topf geben. 2–3 Minuten unter Rühren anbraten, dann 500 ml Gemüsebrühe zugießen. Aufkochen und 10–12 Minuten köcheln lassen. Dann 1 EL gehackte eingelegte Zitrone dazugeben. 1 EL Maismehl mit 2 EL kaltem Wasser verrühren, in die Tajine geben und unter Rühren weiterkochen, bis die Tajine etwas eindickt. Vom Herd nehmen, mit gehacktem Koriander garnieren und zu Couscous oder Reis servieren.

# Linsensalat mit Pilzen und Kirschpaprika

**Für 4 Personen**

4 EL Olivenöl
300 g Champignons, halbiert oder geviertelt
2 EL Apfelessig
1 TL Dijonsenf
200 g milde Kirschpaprika aus dem Glas, abgegossen und grob gehackt
6 Frühlingszwiebeln, in dünne Scheiben geschnitten
400 g grüne Linsen aus der Dose, abgegossen und gewaschen
3 kleine Römersalate
100 g Ziegenkäse
frisch gemahlener schwarzer Pfeffer

- 2 EL Olivenöl in einer beschichteten Pfanne erhitzen. Champignons in die Pfanne geben und bei großer Hitze anbraten, bis sie weich werden.

- Pfanne vom Herd nehmen. Das übrige Olivenöl zusammen mit dem Apfelessig und Dijonsenf einrühren und gut vermischen. Kirschpaprika, Frühlingszwiebeln und Linsen zugeben und erneut gut vermischen.

- Salat entblättern und die Blätter auf vier Teller verteilen. Den Linsensalat auf das Salatnest setzen, Ziegenkäse darüberkrümeln und mit frisch gemahlenem schwarzem Pfeffer anrichten.

---

### Linsen-Pilz-Pilaw

3 EL Olivenöl in einer Pfanne bei großer Hitze erwärmen. 6 Frühlingszwiebeln und 300 g Champignons in Scheiben schneiden, in die Pfanne geben und 2–3 Minuten unter Rühren anbraten. 500 g gekochten Basmatireis, 4 EL gehackte Kirschpaprika und 200 g grüne Linsen aus der Dose, abgegossen, zugeben. 3–4 Minuten braten, bis alles sehr heiß ist. Vom Herd nehmen und mit 100 g zerkrümeltem Ziegenkäse bestreuen, servieren.

### Scharfes Linsencurry mit Pilzen

2 EL Olivenöl in einem Topf erwärmen. 6 Frühlingszwiebeln und 2 Knoblauchzehen hacken und mit 1 TL fein gehacktem Ingwer ins Öl geben. 2–3 Minuten bei geringer Hitze anbraten. 2 TL Kreuzkümmelsamen, 1 TL schwarze Senfkörner und 2 EL mildes Currypulver einrühren und 1–2 Minuten unter Rühren weiterbraten. 400 g Champignons in Scheiben schneiden, in die Pfanne geben und bei großer Hitze 3–4 Minuten braten, dabei ständig rühren. 400 g grüne Linsen aus der Dose, abgegossen, 200 g gewürfelte Tomaten und 200 ml Gemüsebrühe dazugeben. Zum Kochen bringen und 15–20 Minuten leicht köcheln lassen. Vom Herd nehmen, 4 EL Crème fraîche einrühren, abschmecken und mit Reis oder warmem Naan servieren.

# Russischer Salat

**Für 4 Personen**

2–3 festkochende Kartoffeln
2 gekochte mittelgroße Rote Bete
100 g frische Erbsen
100 g Baby-Möhren
½ kleiner Blumenkohl,
   in Röschen zerteilt
100 g grüne Bohnen
3 große Eier, hart gekocht
6 Dillgurken, fein gehackt
6 EL Mayonnaise
Salz und frisch gemahlener
   schwarzer Pfeffer
4 EL fein gehackter frischer Dill
   zum Garnieren

- Kartoffeln schälen und in 1 cm große Würfel schneiden. In leicht gesalzenem Wasser 10–12 Minuten gar kochen.
- Rote Bete in etwa 1 cm große Würfel schneiden und in eine große Salatschüssel geben.
- Erbsen, Baby-Möhren, Blumenkohl und Bohnen 3–4 Minuten blanchieren. Abgießen und abkühlen lassen.
- Eier pellen und in Hälften schneiden.
- Dillgurken und Gemüse in der großen Salatschüssel vermischen. Mayonnaise unterrühren. Abschmecken, mit den Eiern anrichten und mit Dill garniert servieren.

### Sautiertes Gemüse

3 EL Olivenöl in einer großen Pfanne erhitzen. 1 Zwiebel hacken und mit je 300 g gekochten und in Würfel geschnittenen Rote Bete, Kartoffeln und Karotten in die Pfanne geben. Dazu 200 g Erbsen und 300 g grüne Bohnen geben. Alles bei großer Hitze 6–7 Minuten anbraten, dabei ständig rühren. Gut abschmecken und vom Herd nehmen. Mit Reis oder knusprigem Brot servieren.

### Gemüsecremesuppe

Je 100 g gekochte Rote Bete, Kartoffeln und Karotten fein würfeln und in einen Topf geben. 200 g Erbsen und 200 g grob geschnittene grüne Bohnen dazugeben. Mit 750 ml heißer Gemüsebrühe übergießen und aufkochen. Bei großer Hitze 10 Minuten kochen lassen, dann 200 ml Sahne und 4 EL fein gehackten Dill einrühren. Vom Herd nehmen, abschmecken und servieren.

# Gegrillter Halloumi mit Paprika und Rucola

**Für 4 Personen**
geriebene Schale von 1 Zitrone
2 EL Zitronensaft
5 EL Olivenöl
1 Handvoll glatte Petersilie, gehackt
2 EL kleine Kapern aus dem Glas, abgegossen und gewaschen
frisch gemahlener schwarzer Pfeffer

*Für den Salat*
24 Kirschtomaten
200 g in Olivenöl eingelegte gemischte Paprika, abgegossen und in Scheiben geschnitten
100 g Rucola
2 Packungen Halloumi (à 200 g), in Scheiben geschnitten

- Ofengrill vorheizen.
- Für das Dressing Zitronenschale, Zitronensaft, Olivenöl, Petersilie, Kapern und frisch gemahlenen schwarzen Pfeffer verquirlen. Beiseitestellen.
- Tomaten halbieren, mit den Paprikascheiben und dem Rucola auf vier Teller verteilen.
- Grillpfanne erhitzen. Halloumi-Scheiben hineingeben und im Ofen von beiden Seiten je 2–3 Minuten braten, bis die Scheiben warm und weich werden.
- Den warmen Halloumi auf die Teller verteilen. Dressing darüberträufeln und sofort servieren.

---

**Mediterrane Wraps mit gegrilltem Halloumi**
Ofen auf 150 °C vorheizen. 300 g Kirschtomaten halbieren. 200 g eingelegte gegrillte Paprika aus dem Glas und 40 g Rucola hacken. Alles zusammen mit 2 TL Kapern in einer großen Schüssel vermischen, mit dem Saft von 1 Limette übergießen und gut würzen. 200 g Halloumi in Scheiben schneiden und auf 4 großen Wrap-Tortillas im Ofen erwärmen. Die Gemüsemischung auf die Wraps verteilen und aufrollen.

**Pasta mit Halloumi, Rucola und Kirschtomaten** 300 g Halloumi mundgerecht würfeln. 4 EL Olivenöl in einer großen Pfanne erhitzen. Halloumi hineingeben und unter Rühren goldgelb anbraten. Mit dem Pfannenwender aus der Pfanne nehmen und beiseitestellen. 2 zerdrückte Knoblauchzehen in die Pfanne geben und 1 Minute anbraten. 300 g Kirschtomaten halbieren und mit 1 fein gehackten Chilischote in die Pfanne geben. Bei niedriger Hitze 10 Minuten braten, bis die Tomaten weich sind. In der Zwischenzeit 400 g kurze Pasta (z. B. Penne oder Rigatoni) nach Packungsangabe kochen, dabei 1 Minute vor Ende der Kochzeit 50 g Rucola ins Nudelwasser geben. Nudeln abgießen und zu der Tomatensauce in die Pfanne geben. Gut vermischen. Mit dem Halloumi anrichten, würzen und servieren.

# Quinoa-Zucchini-Salat mit Granatapfelkernen

**Für 4 Personen**

75 g Quinoa
1 große Zucchini
1 EL Weißweinessig
4 EL Olivenöl
4 Frühlingszwiebeln, in dünne Scheiben geschnitten
100 g Kirschtomaten, halbiert
1 rote Chilischote, fein gehackt
Kerne von ½ Granatapfel
1 kleine Handvoll glatte Petersilie, gehackt
Salz und frisch gemahlener schwarzer Pfeffer

- Quinoa nach Packungsangabe zubereiten, abgießen und unter kaltem Wasser abspülen. Erneut abgießen.
- Die Enden der Zucchini abschneiden. Dann die Zucchini mit einem Kartoffelschäler in hauchdünne Scheiben schneiden.
- Für das Dressing Weißweinessig und 2 EL Olivenöl verquirlen, mit Salz und frisch gemahlenem schwarzen Pfeffer würzen.
- Quinoa, Zucchini und die übrigen Zutaten in eine große Schüssel geben, das Dressing darübergießen, alles gut vermischen und servieren.

### Zucchini-Frühlingszwiebel-Pfanne

2 EL Olivenöl in einem großen Wok erhitzen. 2 Zucchini grob raspeln, 6 Frühlingszwiebeln in Scheiben schneiden und 100 g Kirschtomaten vierteln. Alles in den Wok geben und bei großer Hitze 3–4 Minuten anbraten, dabei rühren. 1 Packung Woksauce für Gemüse nach Wahl (100 g) einrühren und 2–3 Minuten weiterbraten, bis alles sehr heiß ist. Mit Chinanudeln oder Reis servieren.

### Warmer Quinoasalat mit gegrillten Zucchini und Aubergine

50 g Quinoa nach Packungsangabe zubereiten. 2 große Zucchini und 1 Aubergine in 1 cm dicke Scheiben schneiden, mit Olivenöl bestreichen. Nach und nach in einer Grillpfanne bei großer Hitze 4–5 Minuten von jeder Seite gar braten. In eine große Schüssel geben. 4 fein gehackte Frühlingszwiebeln, 100 g halbierte Kirschtomaten und den Quinoa darüber verteilen. 4 EL Olivenöl und 1 EL Weißweinessig verrühren und über den Salat geben. Würzen, mit Minzeblättern bestreuen und servieren.

QuickVeggie
# Schnelle Küche für jeden Tag

# Rezepte nach Zubereitungzeit

## 30

| | |
|---|---|
| Warmer mediterraner Reissalat | 124 |
| Eintopf aus Augenbohnen und roter Paprika | 126 |
| Griechischer Nudelreis mit Zucchini-Käsecreme | 128 |
| Sommeromelett auf griechische Art | 130 |
| Scharfer Rote-Bete-Pilaw | 132 |
| Grünes Gemüsecurry | 134 |
| Deftige Pilzsuppe italienische Art mit Polenta | 136 |
| Kräuter-Quinoa-Taboulé mit Oliven und Gurke | 138 |
| Nudeln mit Tomaten-Spinat-Käsesauce | 140 |
| Kedgeree mit gemischten Bohnen | 142 |
| Linguini mit Grünkohl-Pecorino-Pesto | 144 |
| Bohnen-Tomaten-Chili | 146 |
| Spargel-Bohnen-Risotto mit Pesto | 148 |
| Spiegeleier im Western-Stil | 150 |
| Rigatoni mit frischen Tomaten, Chili, Knoblauch und Basilikum | 152 |
| Spinat-Dal mit Kirschtomaten | 154 |
| Blumenkohlauflauf | 156 |
| Chinesische Gemüsepfanne nach Szechuan-Art | 158 |
| Tomaten-Auberginen-Papardelle | 160 |
| Mais-Frittata mit roter Paprika | 162 |
| Räucherkäse-Quesadillas mit Paprika-Spinat-Füllung | 164 |
| Türkischer Kichererbsen-Bulgur-Pilaw | 166 |
| Asiatische Soba-Shiitake-Suppe | 168 |
| Tortellini mit roter und gelber Paprika | 170 |
| Pfannkuchen mit Kräutern und Pilzsahne | 172 |

## 20

| | |
|---|---|
| Schnelle Gemüsepizza | 124 |
| Herzhafte Gemüsebrühe mit Bohnen | 126 |
| Nudelreissalat mit Kirschtomaten, Zucchini und Minze | 128 |
| Warmer Nudelsalat auf griechische Art | 130 |
| Schnelles Risotto mit Rote Bete und Kräutern | 132 |
| Thai-Reis mit grünem Gemüse | 134 |
| Mischpilze auf gegrillter Polenta | 136 |
| Gurken-Oliven-Suppe mit Kräutern und Quinoa | 138 |
| Käsemakkaroni mit Spinat und Tomaten | 140 |
| Scharfe Bohnensuppe mit Reis | 142 |
| Linguini-Frittata mit Grünkohl und Pecorino | 144 |
| Mexikanische überbackene Tortillachips | 146 |
| Pasta mit Spargel, Bohnen und Pesto | 148 |
| Mexikanische Sauce | 150 |
| Nudelauflauf mit Tomaten und Chili | 152 |

# 10

| | |
|---|---|
| Scharfes Kirschtomaten-Spinat-Curry | 154 |
| Blumenkohlcremesuppe | 156 |
| Gemüsereispfanne | 158 |
| Salat mit gegrillter Aubergine, Tomate und Basilikum | 160 |
| Kartoffel-Mais-Pfanne mit roter Paprika | 162 |
| Scharfe Gemüse-Cheeseburger mit Spinat und Paprika | 164 |
| Orientalischer Kichererbsen-Pilaw mit Kräutern | 166 |
| Warmer Nudelsalat mit Sojabohnen | 168 |
| Tortelliniauflauf mit roter Paprika | 170 |
| Überbackene Champignons mit Knoblauch-Kräuter-Füllung | 172 |
| Mediterraner Salat mit gegrillten Paprika | 124 |
| Bunter Gemüsesalat mit Augenbohnen | 126 |
| Zucchinipfanne mit Frühlingszwiebeln und Chili | 128 |
| Traditioneller griechischer Salat | 130 |
| Rote-Bete-Pasta mit Kräutern | 132 |
| Milde Thai-Suppe mit grünem Gemüse | 134 |
| Nudeln mit cremiger Pilz-Kräuter-Sauce | 136 |
| Reissalat mit Kräutern | 138 |
| Nudelsalat mit Spinat, Kirschtomaten und Blauschimmelkäse | 140 |
| Reissalat mit Bohnen und Tomaten | 142 |
| Tomaten-Pesto-Suppe | 144 |
| Bruschetta mit gemischten Bohnen, Tomaten und Chili | 146 |
| Spargel-Kartoffel-Salat mit Pesto | 148 |
| Scharfe mexikanische Rühreier | 150 |
| Tomaten-Chili-Basilikum-Sauce ohne Kochen | 152 |
| Linsen-Dal mit Tomaten und Spinat | 154 |
| Blumenkohl mit schneller Käse-Senfsauce | 156 |
| Eiernudeln mit Gemüse | 158 |
| Tomaten-Auberginen-Pizza mit Mozzarella | 160 |
| Maissalat Tex-Mex | 162 |
| Eiernudelpfanne mit Paprika und Spinat | 164 |
| Bulgur-Kichererbsen-Salat mit Kräutern | 166 |
| Asiatischer Sommersalat mit kalten Soba-Nudeln | 168 |
| Tortellini-Rucola-Salat mit gegrillten Paprika | 170 |
| Spaghetti mit cremiger Pilzsauce | 172 |

# Schnelle Gemüsepizza

**Für 4 Personen**

2 Pizzaböden (à 23 cm Ø) aus dem Kühlregal
400 g Pizzasauce aus dem Glas oder Tetrapack
16–20 schwarze Oliven ohne Stein
400 g gegrillte gemischte Paprika in Öl aus dem Glas, abgegossen und grob gehackt
200 g getrocknete Tomaten
3 EL Kapernkirschen
8 gegrillte, in Öl eingelegte Artischockenherzen, abgegossen und geviertelt
250 g Mozzarella, gewürfelt
Petersilie oder Oregano, grob gehackt, zum Garnieren

- Ofen auf 220 °C vorheizen.
- Ausgerollte Pizzaböden auf zwei Backbleche legen.
- Pizzasauce gleichmäßig auf die Pizzaböden verteilen, glatt streichen und mit Oliven, gegrillten Paprika, getrockneten Tomaten, Kapernkirschen, Artischockenherzen und Mozzarella belegen.
- 12–15 Minuten backen, bis der Teig goldgelb und knusprig ist.
- Aus dem Ofen nehmen und vor dem Servieren mit den gehackten Kräutern garnieren.

---

### Mediterraner Salat mit gegrillten Paprika

600 g gegrillte rote und gelbe Paprika aus dem Glas, abgegossen, in eine große Schüssel geben. 25 g schwarze Oliven ohne Stein, 200 g getrocknete Tomaten, 4 EL Kapernkirschen, 8 geviertelte Artischockenherzen und 250 g Mozzarella in Scheiben dazugeben. Vermischen, 1 Handvoll Rucola dazugeben und mit 4 EL Olivenöl und dem Saft von 1 Zitrone beträufeln. Würzen, gut mischen und servieren.

### Warmer mediterraner Reissalat

250 g langkörnigen Reis und 500 ml Gemüsebrühe in einen Topf mit dickem Boden geben. Aufkochen, abdecken und bei niedriger Hitze 15 Minuten köcheln lassen. Den Herd ausstellen und weitere 10–15 Minuten quellen lassen. In der Zwischenzeit 200 g gegrillte rote und gelbe Paprika aus dem Glas, abgegossen, mit 25 g schwarzen Oliven ohne Stein, 200 g getrockneten Tomaten, 4 EL Kapernkirschen und 250 g gewürfeltem Mozzarella in eine Schüssel geben. Den Reis mit einer Gabel auflockern und mit 1 kleinen Handvoll Basilikumblättern unter das Gemüse heben. Würzen, gut vermengen und warm servieren.

# Eintopf aus Augenbohnen und roter Paprika

**Für 4 Personen**

2 EL Olivenöl
4 Schalotten, fein gehackt
2 Knoblauchzehen, zerdrückt
2 Selleriestangen, gewürfelt
1 große Karotte, geschält und in 1 cm dicke Scheiben geschnitten
1 rote Paprika, entkernt und in 1 cm große Stücke geschnitten
1 TL getrocknete Kräuter
2 TL gemahlener Kreuzkümmel
1 TL Zimtpulver
800 g gehackte Tomaten aus der Dose
2 EL Tomatenmark
75 ml Gemüsebrühe
800 g Augenbohnen in Salzlake aus der Dose, abgegossen
4 EL fein gehackter Koriander zzgl. etwas zum Garnieren
Salz und frisch gemahlener schwarzer Pfeffer
gekochter Basmatireis zum Servieren

- Öl in einer großen Pfanne erhitzen.
- Schalotten, Knoblauch, Stangensellerie, Karotte und rote Paprika zugeben. 2–3 Minuten unter Rühren anbraten, bis die Schalotten braun werden.
- Getrocknete Kräuter, Kreuzkümmel, Zimtpulver, Tomaten, Tomatenmark und Gemüsebrühe zugeben und zum Kochen bringen. Bei mittlerer Hitze 12–15 Minuten kochen, bis das Gemüse gar ist.
- Augenbohnen einrühren und 2–3 Minuten köcheln, bis alles sehr heiß ist.
- Gut abschmecken, vom Herd nehmen und mit gehackten Korianderblättern bestreuen. Mit den übrigen Korianderblättern garnieren und mit Basmatireis servieren.

### Bunter Gemüsesalat mit Augenbohnen

2 Karotten, 2 Selleriestangen, 1 rote Paprika, 2 Tomaten, 2 Schalotten fein hacken und in eine Schüssel geben. Mit 4 EL Olivenöl und dem Saft von 2 Limetten übergießen und würzen. 400 g Augenbohnen aus der Dose, abgegossen, sowie je 1 große Handvoll Koriander- und Minzeblätter (gehackt) dazugeben. Mischen, mit Fladenbrot servieren.

### Herzhafte Gemüsebrühe mit Bohnen

Vier Suppenschalen anwärmen. 1 Karotte, 2 Selleriestangen und 2 Schalotten fein hacken und mit 2 zerdrückten Knoblauchzehen, 2 EL Tomatenmark und 2 TL getrockneten Kräutern in einen Topf mit dickem Boden geben. 1 l Gemüsebrühe zugießen und zum Kochen bringen. Ohne Deckel 10–12 Minuten bei mittlerer Hitze kochen. 800 g Augenbohnen aus der Dose, abgegossen, einrühren und erneut aufkochen. Würzen, vom Herd nehmen und in den vorgewärmten Suppenschalen servieren, dazu knuspriges Brot reichen.

# Griechischer Nudelreis mit Zucchini-Käsecreme

**Für 4 Personen**

400 g griechischer Nudelreis (auch als Orzo oder Risoni bekannt)
1 EL Butter
1 EL Olivenöl
1 rote Chilischote, entkernt und fein gehackt
2 Knoblauchzehen, fein gehackt
4 Frühlingszwiebeln, sehr fein gehackt
3 mittelgroße Zucchini, grob geraspelt
Schale von 1 kleinen unbehandelten Zitrone, fein gerieben
150 g Frischkäse mit Knoblauch und Kräutern
4 EL fein gehackte glatte Petersilie
Salz und frisch gemahlener schwarzer Pfeffer

- Einen großen Topf gesalzenes Wasser zum Kochen bringen und darin den Nudelreis nach Packungsangabe kochen.

- In der Zwischenzeit Butter und Olivenöl in einer großen Pfanne erhitzen. Chili, Knoblauch, Frühlingszwiebeln und Zucchini zugeben. Bei mittlerer Hitze 10–15 durchbraten, bis das Gemüse weich ist. Dabei häufig rühren.

- Hitze herunterstellen und Zitronenschale zugeben. 3–4 Minuten leicht köcheln, dann den Frischkäse zugeben, gut umrühren und abschmecken.

- Nudelreis abgießen und zur Zucchinicreme geben. Petersilie einrühren, gut durchmischen und servieren.

---

### 1  Zucchinipfanne mit Frühlingszwiebeln

**und Chili** 2 EL Olivenöl in einer großen Pfanne erhitzen. 6 Frühlingszwiebeln in Scheiben schneiden und mit 2 zerdrückten Knoblauchzehen, 1 gehackten roten Chilischote und 3 grob geraspelten Zucchini in die Pfanne geben. Bei großer Hitze 4–5 Minuten anbraten, dabei ständig rühren. 600 g gekochten Nudelreis und 4 EL helle Sojasauce zugeben, gut vermischen, 2–3 Minuten unter Rühren anbraten. Heiß servieren.

### 2  Nudelreissalat mit Kirschtomaten, Zucchini und Minze

400 g griechischen Nudelreis nach Packungsangabe zubereiten. In der Zwischenzeit 2 grob geraspelte Zucchini, 4 in Scheiben geschnittene Frühlingszwiebeln, 4 EL fein gehackte Minze und 200 g halbierte Kirschtomaten in eine große Salatschüssel geben. Für das Dressing 1 fein gehackte Chilischote, 2 zerdrückte Knoblauchzehen, 6 EL Olivenöl, den Saft von 1 Zitrone und 1 TL Honig verrühren und gut würzen. Nudeln abgießen und unter fließendem kalten Wasser abkühlen. Erneut gut abtropfen und zum Salat geben. Mit Dressing übergießen und vor dem Servieren gut durchmischen.

# Sommeromelett auf griechische Art

**Für 4 Personen**

8 große Eier
1 TL getrockneter Oregano
1 EL fein gehackte frische Minze
4 EL fein gehackte glatte Petersilie
2 EL Olivenöl
2 kleine rote Zwiebeln, fein gehackt
2 große, reife Tomaten, grob gewürfelt
½ Zucchini, grob gewürfelt
100 g schwarze Oliven ohne Stein
100 g Feta
Salz und frisch gemahlener schwarzer Pfeffer
knackiger grüner Salat (nach Belieben) zum Servieren

- Ofengrill vorheizen.
- Eier in einer Schale verquirlen. Oregano, Minze und Petersilie dazugeben und gut würzen.
- Öl in einer großen beschichteten Pfanne erhitzen. Rote Zwiebel bei großer Hitze 3–4 Minuten anbraten, bis sie braun wird. Dabei ständig rühren.
- Tomaten, Zucchini und Oliven dazugeben und 3–4 Minuten braten, bis das Gemüse weich wird. Auf mittlerer Stufe weiter braten, dabei die Eier in die Pfanne gießen. 3-4 Minuten braten, dabei rühren, sobald die Eimasse fest zu werden beginnt.
- Wenn die Eimasse insgesamt fest, aber an einigen Stellen noch flüssig ist, den Feta darüberkrümeln und die Pfanne in den vorgeheizten Ofen unter den Grill stellen. 4–5 Minuten backen, bis das Omelett aufgebläht und goldgelb ist.
- In Stücke schneiden und nach Belieben mit Salat servieren.

---

 **Traditioneller griechischer Salat**

2 rote Zwiebeln, 4 Tomaten und 1 Salatgurke in Scheiben schneiden und in eine Schüssel geben. 200 g Feta in Würfeln und 100 g schwarze Oliven ohne Stein dazugeben, alles mit 6 EL Olivenöl übergießen. 1 TL getrockneten Oregano darüberstreuen, würzen, mischen, servieren.

 **Warmer Nudelsalat auf griechische Art**

250 g kurze Pasta (z. B. Penne oder Rigatoni) nach Packungsangabe kochen. In der Zwischenzeit 2 kleine rote Zwiebeln, 100 g schwarze Oliven ohne Stein, 4 Tomaten und ½ Salatgurke grob hacken und mit 1 Handvoll gehackten Minzeblättern in eine Salatschüssel geben. Für das Dressing 1 zerdrückte Knoblauchzehe, 6 EL Olivenöl, 2 EL Essig, 1 TL Senf und 1 TL getrockneten Oregano verrühren und würzen. Nudeln abgießen und mit dem Dressing zum Salat geben. Gut mischen und warm servieren.

# Rote-Bete-Pasta mit Kräutern

**Für 4 Personen**
400 g Penne
400 g gekochte Rote Bete
200 g Crème fraîche
4 EL gehackter frischer Schnittlauch
4 EL gehackter Dill
Salz und frisch gemahlener schwarzer Pfeffer

- Nudeln nach Packungsangabe zubereiten.
- In der Zwischenzeit Rote Bete würfeln und 1 Minute vor Ende der Kochzeit ins Nudelwasser geben.
- Nudeln und Rote Bete abgießen und zurück in den Topf geben. Crème fraîche und Kräuter einrühren.
- Würzen und sofort servieren.

**Schnelles Risotto mit Rote Bete und Kräutern** 250 g gekochte und grob gewürfelte Rote Bete mit 6 EL Crème double und 100 ml Gemüsebrühe in einen Mixer geben und fast glatt rühren. 3 EL Olivenöl in eine Pfanne geben und 1 zerdrückte Knoblauchzehe 3–4 Minuten unter Rühren glasig braten. Rote-Bete-Mischung und 500 g gekochten Basmatireis dazugeben. Bei großer Hitze 4–5 Minuten kochen, mit Salz und frisch gemahlenem schwarzen Pfeffer abschmecken und je 1 kleine Handvoll gehackten Schnittlauch und Dill einrühren. Mit 1 Klecks Crème fraîche, gewürfelter Rote Bete und gehacktem Dill anrichten und servieren.

**Scharfer Rote-Bete-Pilaw** Je 2 EL Butter und Öl in einem Topf mit schwerem Boden erhitzen. Je 2 Schalotten und Knoblauchzehen hacken und 1–2 Minuten bei mittlerer Hitze glasig braten. 1 Zimtstange, 3 TL Kreuzkümmelsamen, 1 TL Curry, 1 TL zerdrückte Koriandersamen, 400 g Express-Basmatireis, 300 g klein gewürfelte Rote Bete und 1 kleine gewürfelte Karotte dazugeben und gut umrühren. 900 ml heiße Gemüsebrühe zugießen, würzen und zum Kochen bringen. Mit einem Deckel gut verschließen und 10–12 Minuten abgedeckt köcheln lassen. Vom Herd nehmen und 10 Minuten weiter quellen lassen. Deckel abnehmen, den Reis mit einer Gabel auflockern und servieren.

# Grünes Gemüsecurry

**Für 4 Personen**
1 EL Sonnenblumenöl
2 rote Chilischoten
  (nach Geschmack)
200 g Möhren
250 g Butternut-Kürbis
3 EL grüne Thai-Currypaste
  (aus dem Asia-Laden)
400 ml Kokosmilch aus der Dose
200 ml Gemüsebrühe
6 Kaffirlimettenblätter oder
  1 EL fein geriebene Zitronenschale
2 EL Sojasauce
1 EL feiner brauner Zucker
100 g Zuckerschoten
10 EL sehr fein gehackter Koriander
Saft von 1 Limette
gedämpfter Jasminreis zum Servieren

- Vier Schalen oder tiefe Teller vorwärmen. Chilischoten (falls verwendet) entkernen und in dünne Scheiben schneiden. Karotten schälen und in dicke Stifte schneiden. Butternut-Kürbis schälen, entkernen und Fleisch in 1,5 cm große Würfel schneiden.

- Öl in einem großen beschichteten Wok oder ebensolcher Pfanne erhitzen. Currypaste und Chili (falls verwendet) zugeben und 2–3 Minuten unter Rühren anbraten.

- Kokosmilch, Gemüsebrühe, Kaffernlimettenblätter oder Limettenschale, Sojasauce, Zucker, Karotten und Kürbis zugeben. Ohne Deckel 6–8 Minuten köcheln lassen, dabei gelegentlich umrühren.

- Zuckerschoten zugeben und weitere 4–5 Minuten köcheln.

- Vom Herd nehmen. Koriander und Limettensaft einrühren.

- In den vorgewärmten Schalen mit gedämpftem Jasminreis servieren.

## Milde Thai-Suppe mit grünem Gemüse

1 EL grüne Thai-Currypaste mit 400 ml Kokosmilch und 300 ml Gemüsebrühe in einen Topf geben. Aufkochen und 200 g Zuckerschoten, 200 g Erbsen und 400 g Mais aus der Dose dazugeben. 5–6 Minuten kochen, dann vom Herd nehmen und 6 EL gehackten frischen Koriander einrühren. Den Saft von 1 Limette darübergeben und servieren.

##  Thai-Reis mit grünem Gemüse

1 EL Sonnenblumenöl in einem großen Wok oder einer Bratpfanne erhitzen. 2 Schalotten in dünne Scheiben schneiden und je 200 g Karotten und Butternut-Kürbis fein würfeln. Alles mit geschnittenen Zuckerschoten zum heißen Öl geben und 4–5 Minuten bei großer Hitze anbraten, dabei rühren. 2 EL grüne Thai-Currypaste und 200 ml Kokosmilch einrühren. Bei großer Hitze 4–5 Minuten kochen, dann 500 g gekochten Basmatireis dazugeben. 3–4 Minuten unter Rühren kochen, bis alles gut durchmischt und sehr heiß ist. Würzen, mit 1 kleinen Handvoll gehacktem frischen Koriander bestreuen und servieren.

# Deftige Pilzsuppe italienische Art mit Polenta

**Für 4 Personen**

150 g Polenta
1 EL fein gehackter Rosmarin
1 EL fein gehackter Salbei
8 EL fein gehackte glatte Petersilie
8 EL Butter
1,5 l heiße Gemüsebrühe
750 g große Champignons, in dicke Scheiben geschnitten
3 Knoblauchzehen, zerdrückt
8 EL Frischkäse mit Knoblauch und Kräutern
½ TL getrocknete Chilischote, zerdrückt
Salz und frisch gemahlener schwarzer Pfeffer

- Vier Teller vorwärmen. Polenta, Rosmarin, Salbei, 4 EL Petersilie und 4 EL Butter in einem Topf bei mittlerer Hitze erhitzen. Nach und nach die Gemüsebrühe einrühren. Ständig umrühren.

- Hitze herunterstellen, gut würzen und etwa 6–8 Minuten weiter rühren, bis die Polenta schön dick ist und anfängt, Blasen zu schlagen. Vom Herd nehmen und warm stellen.

- Die übrige Butter in eine große beschichtete Pfanne geben und stark erhitzen. Champignons und Knoblauch zugeben und 6–8 Minuten unter Rühren braten. Gut würzen, dann den Frischkäse und die getrockneten Chilischoten einrühren. 2–3 Minuten kochen lassen, bis die Sauce Blasen schlägt. Vom Herd nehmen und die restliche Petersilie einrühren.

- Polenta auf vorgewärmte Teller verteilen, Pilze darübergeben und servieren.

---

 **Nudeln mit cremiger Pilz-Kräuter-Sauce**

400 g Nudeln nach Packungsangabe zubereiten. In der Zwischenzeit 2 EL Butter in einer großen Pfanne bei großer Hitze erhitzen und 2 fein gehackte Knoblauchzehen sowie 750 g dünn geschnittene Champignons dazugeben. 3–4 Minuten unter Rühren anbraten, 200 g Knoblauch-Kräuter-Frischkäse einrühren. Würzen, gut umrühren und 3 EL gehackte glatte Petersilie unterrühren. Mit den Nudeln servieren.

 **Mischpilze auf gegrillter Polenta**

Ofen auf mittlere Grillstufe vorheizen. Fertige Polenta (500 g) in dicke Scheiben schneiden. 3 EL Butter in einer großen Pfanne erhitzen. 750 g in Scheiben geschnittene Pilze (Mischpilze) und 1 EL gehackten Thymian in die Pfanne geben, gut würzen und 6–8 Minuten braten. Hitze erhöhen, 2 gehackte Knoblauchzehen dazugeben und 30 Sekunden braten. 50 ml Rotwein zugeben und weitere 2 Minuten köcheln. In der Zwischenzeit die Polentascheiben unterm Grill von jeder Seite 1–2 Minuten braten. Polentascheiben auf vier Teller verteilen, die Pilze darübergeben und mit je 1 Klecks Crème fraîche angerichtet servieren.

# Kräuter-Quinoa-Taboulé mit Oliven und Gurke

**Für 4 Personen**

1 Salatgurke, geschält, halbiert, entkernt und in dünne Scheiben geschnitten
1 rote Zwiebel, in dünne Scheiben geschnitten
Saft von 1 Zitrone
Saft von ½ Orange
200 g Quinoa
600 ml Gemüsebrühe
1 EL Olivenöl
je 4 EL gehackter Koriander, Minze und Petersilie
100 g grüne Oliven ohne Stein
100 g milde Kirschpaprika aus dem Glas, abgegossen und grob gehackt
Salz und frisch gemahlener schwarzer Pfeffer

- Gurke und rote Zwiebel in eine Schüssel geben und gut würzen. Zitronen- und Orangensaft darübergießen. Abdecken und ziehen lassen.

- Quinoa gründlich unter fließendem kalten Wasser abspülen, abtropfen und in einen Topf mit dickem Boden geben. Bei mittlerer Hitze 3–4 Minuten anbraten, dabei ständig rühren, bis die Körner sich voneinander lösen und braun werden.

- Die Gemüsebrühe dazugießen und unter ständigem Rühren aufkochen. Hitze reduzieren und 15 Minuten köcheln, bis die Flüssigkeit aufgesogen ist. Quinoa in eine große Schüssel geben und mit dem Olivenöl beträufeln.

- Gurken-Zwiebel-Mischung mit Flüssigkeit über den Quinoa geben, mit den gehackten Kräutern, Oliven und Kirschpaprika vermengen.

- Abschmecken, gut umrühren und servieren.

---

**Reissalat mit Kräutern** Den Quinoa im Rezept oben durch 300 g gekochten und abgekühlten Reis ersetzen. Zur Gurken-Zwiebel-Mischung zusätzlich 200 g Bohnensprossenmix und 12 in Scheiben geschnittene Radieschen geben. Alles gut vermischen und servieren.

**Gurken-Oliven-Suppe mit Kräutern und Quinoa** 1 l heiße Gemüsebrühe in einen Topf geben, dazu 2 fein gewürfelte Salatgurken, 100 g gehackte grüne Oliven ohne Stein und 100 g gehackte Kirschpaprika. Ohne Deckel 12–15 Minuten kochen lassen, 50 g gequollenen Quinoa einrühren. Abschmecken und servieren.

# Nudelsalat mit Spinat, Kirschtomaten und Blauschimmelkäse

**Für 4 Personen**

400 g gekochte, abgekühlte Makkaroni (oder andere kurze Nudeln)
50 g frischer Spinat
400 g Kirschtomaten, halbiert
4 Frühlingszwiebeln, in Scheiben geschnitten
200 ml Blauschimmelkäsedressing, aus dem Glas oder Tetrapack
Salz und frisch gemahlener schwarzer Pfeffer

- Gekochte, abgekühlte Makkaroni in eine Salatschüssel geben, dazu Spinat, Kirschtomaten und Frühlingszwiebeln.
- Blauschimmelkäsedressing darübergeben.
- Würzen, gut vermengen und servieren.

### Käsemakkaroni mit Spinat und Tomaten

400 g Makkaroni nach Packungsangabe zubereiten. In der Zwischenzeit 350 ml Käsesauce aus dem Glas oder Tetrapack erhitzen und mit 300 g halbierten Kirschtomaten und 100 g frischem Spinat in einen großen Topf geben. Gut umrühren und bei niedriger Hitze köcheln, bis der Spinat weich wird. Die abgetropften Nudeln hineingeben, durchmischen, würzen und servieren.

### Nudeln mit Tomaten-Spinat-Käse-Sauce

Ofen auf hohe Grillstufe vorheizen. 300 g Makkaroni nach Packungsangabe kochen, abgießen und stehen lassen. In der Zwischenzeit 40 g Butter in einem Topf mit dickem Boden bei mittlerer Hitze zerlassen. 40 g Mehl einrühren und für eine Mehlschwitze anbraten, dabei ständig rühren. Gleichzeitig 600 ml Milch in einem anderen Topf erhitzen. Die warme Milch nach und nach einrühren, 10–15 Minuten köcheln, bis die Sauce andickt, dabei schön glatt rühren. 100 g fein gehackte Spinatblätter und 100 g Kirschtomaten einrühren und gut würzen. Vom Herd nehmen, 200 g geriebenen Cheddar dazugeben und weiter rühren, bis der Käse geschmolzen und gut verteilt ist. Makkaroni dazugeben und alles gut vermischen. Mit 50 g geriebenem Cheddar bestreuen, in den Ofen stellen und unter dem Grill überbacken, bis der Käse goldbraun ist und Blasen schlägt.

# Kedgeree mit gemischten Bohnen

**Für 4 Personen**
4 Eier
2 EL Olivenöl
1 Zwiebel, gehackt
2 EL mildes Currypulver
250 g Langkornreis
750 ml Gemüsebrühe
800 g Bohnen nach Geschmack aus der Dose, abgegossen und gewaschen
150 g saure Sahne

*Zum Garnieren*
2 Tomaten, fein gewürfelt
3 EL frische gehackte Kräuter

- Eier hart kochen und zum Abkühlen in kaltes Wasser legen. Dann pellen, vierteln und beiseitestellen.
- In der Zwischenzeit das Öl in einer Pfanne erhitzen und die Zwiebeln 3–4 Minuten glasig braten.
- Currypulver einrühren, Reis einrühren, dann die Gemüsebrühe zugießen. Aufkochen und bedeckt 10–15 Minuten köcheln lassen, bis der Reis gar ist.
- Bohnen und saure Sahne vermischen und mit dem Reis in eine Schüssel geben. Nach Geschmack würzen und mit den geviertelten Eiern anrichten. Mit Tomaten und Kräutern garniert servieren.

---

 **Reissalat mit Bohnen und Tomaten**

800 g Bohnen nach Geschmack aus der Dose, abgegossen, in eine große Schüssel geben. 4 Tomaten, 1 Zwiebel und 4 EL Dill hacken und mit 250 g gekochtem Langkornreis zu den Bohnen geben. 1 TL Currypulver mit 200 ml French Dressing aus dem Glas oder Tetrapack verrühren, über den Salat geben, gut mischen und servieren.

 **Scharfe Bohnensuppe mit Reis**

Vier Suppenschalen vorwärmen. 1 EL Olivenöl in einem Topf erhitzen. 1 gehackte Zwiebel und 1 EL Currypulver dazugeben und 1–2 Minuten unter Rühren anbraten. 1 l Gemüsebrühe, 800 g Bohnen nach Geschmack aus der Dose, abgegossen, 2 gehackte Tomaten und 75 g Langkornreis einrühren. Aufkochen, ohne Deckel 15 Minuten köcheln lassen. Würzen, 4 EL gehackten frischen Koriander einrühren, in den Schalen servieren.

# Linguini mit Grünkohl-Pecorino-Pesto

**Für 4 Personen**
400 g Linguini
300 g Grünkohl
2 EL Olivenöl
3 Knoblauchzehen, zerdrückt
100 g Pinienkerne, geröstet
100 g Mascarpone
100 g Pecorino, gerieben
 zzgl. etwas zum Garnieren
½ TL Muskatnuss, gerieben
Salz und frisch gemahlener
 schwarzer Pfeffer

- Nudeln nach Packungsangabe kochen.
- In der Zwischenzeit den Grünkohl gründlich waschen, harte Stiele entfernen und grob hacken.
- Öl in einer Pfanne erhitzen und den Knoblauch 2–3 Minuten anbraten. Grünkohl dazugeben. Abdecken und 2–3 Minuten kochen, bis der Grünkohl weich wird.
- Pinienkerne in einen Mixer geben und zu einem glatten Mus verarbeiten. Mascarpone, geriebenen Pecorino und Muskatnuss dazugeben und erneut pürieren.
- Grünkohl-Knoblauch-Mischung dazugeben und glatt pürieren. Nach Geschmack würzen.
- Nudeln abgießen und in die Pfanne geben. Pesto dazugeben und alles gut mischen. Mit Pecorino garniert servieren.

## 1 Tomaten-Pesto-Suppe

800 ml Tomatencremesuppe aus der Dose fast kochend heiß erhitzen und auf vier Suppenteller verteilen. 4 EL Grünkohl-Pecorino-Pesto aus dem Rezept oben auf jede Portion geben, mit der Gabel kurz einrühren und mit Croûtons garniert servieren.

## 2 Linguini-Frittata mit Grünkohl und Pecorino

Ofengrill vorheizen. 400 g gekochte Linguini mit 4 verquirlten Eiern und 10 EL Grünkohl-Pecorino-Pesto aus dem Rezept oben vermischen und gut würzen. 2 EL Olivenöl in einer großen Pfanne erhitzen, die Nudelmasse hineingeben und mit einem Löffel flach drücken. Bei mittlerer Hitze 8–10 Minuten braten, dann vom Herd nehmen und im Ofengrill bei mittlerer Hitze 4–5 Minuten goldbraun backen. Mit einem knackigen grünen Salat servieren.

# Bohnen-Tomaten-Chili

**Für 4 Personen**
2 EL Olivenöl
4 Knoblauchzehen, zerdrückt
1 Zwiebel, fein gehackt
1 TL Chiliflocken
2 TL gemahlener Kreuzkümmel
1 TL Zimtpulver
400 g gehackte Tomaten aus der Dose
400 g Bohnen nach Geschmack aus der Dose, abgegossen und gewaschen
400 g rote Kidneybohnen in Chilisauce aus der Dose
Salz und frisch gemahlener schwarzer Pfeffer

*Zum Servieren*
4 EL saure Sahne
25 g gehackter frischer Koriander
geröstete Maistortillas

- Vier Schälchen vorwärmen. Öl in einem Topf mit dickem Boden erhitzen. Knoblauch und Zwiebel dazugeben und 3–4 Minuten unter Rühren anbraten.
- Chili, Kreuzkümmel und Zimtpulver dazugeben und weitere 2–3 Minuten unter Rühren braten, dann die Tomaten einrühren. Zum Kochen bringen und bei mittlerer Hitze 10 Minuten köcheln lassen.
- Bohnen einrühren und 3–4 Minuten weiter köcheln, bis alles heiß ist. Gut abschmecken und in die vorgewärmten Schalen füllen.
- Auf jede Portion 1 EL saure Sahne geben, mit gehacktem Koriander garnieren und mit gerösteten Maistortillas servieren.

**Bruschetta mit gemischten Bohnen, Tomaten und Chili** ½ Zwiebel, 2 zerdrückte Knoblauchzehen, 1 TL Chiliflocken, 100 g gehackte Tomaten, 400 g Bohnen nach Geschmack aus der Dose, abgegossen, und 4 EL gehackte glatte Petersilie in einen Mixer geben. Alles fast glatt pürieren und würzen. Auf getoastetes Ciabatta oder Graubrot streichen, mit etwas Olivenöl beträufeln und servieren.

**Mexikanische überbackene Tortillachips** Ofen auf 220 °C vorheizen. Chilimasse aus dem Rezept oben in eine leicht gefettete ofenfeste Form geben und mit 200 g Tortillachips belegen. 200 g saure Sahne mit 3 Eiern verquirlen und auf den Tortillachips verteilen. Mit 100 g geriebenem Cheddar bestreuen und 15 Minuten backen, bis die Oberfläche goldgelb wird und die Masse köchelt. Warm oder lauwarm servieren.

# Pasta mit Spargel, Bohnen und Pesto

**Für 4 Personen**

400 g kurze Pasta
 (z. B. Penne oder Rigatoni)
200 g Spargelspitzen, halbiert
200 g junge grüne Bohnen, halbiert
2 EL Olivenöl
2 EL Semmelbrösel
6 EL Crème fraîche
6 EL Pesto aus dem Glas
4 EL Parmesan, gerieben
Salz und frisch gemahlener
 schwarzer Pfeffer

- Vier tiefe Teller vorwärmen. Nudeln nach Packungsangabe kochen, dabei 2 Minuten vor Ende der Kochzeit die Spargel und Bohnen ins Kochwasser geben.
- Öl in einer kleinen Pfanne erhitzen und die Semmelbrösel mit einer Prise Salz goldbraun rösten.
- Pasta und Spargel abgießen und zurück in den Topf geben, Crème fraîche und das Pesto unterrühren. Schwarzen Pfeffer großzügig darübermahlen.
- Auf die vorgewärmten Teller verteilen, mit gerösteten Semmelbröseln bestreuen, Parmesan darübergeben und servieren.

---

**Spargel-Kartoffel-Salat mit Pesto**

400 g blanchierte Spargelspitzen mit 400 g gekochten, halbierten kleinen Frühkartoffeln und 300 g halbierten Kirschtomaten in eine Schüssel geben. 200 g Crème fraîche mit 6 EL Pesto aus dem Glas verrühren und über den Salat geben. Gut durchmischen und servieren.

**Spargel-Bohnen-Risotto mit Pesto**

2 EL Olivenöl und 2 EL Butter in einem Topf mit dickem Boden erhitzen. Sobald die Butter schaumig wird, 1 gehackte Zwiebel und 2 gehackte Knoblauchzehen dazugeben und 2–3 Minuten glasig braten. 400 g Risottoreis, 200 g Spargelspitzen und 200 g halbierte grüne Bohnen einrühren. 1–2 Minuten unter Rühren anbraten, dann 150 ml Weißwein zugießen und 1 Minute köcheln lassen, dabei ständig rühren. Hitze verringern und 1,2 l heiße Gemüsebrühe nach und nach mit einem Schöpflöffel dazugeben. Dabei immer weiter rühren und erst dann neue Flüssigkeit zugeben, wenn fast alles aufgesogen ist. So lange wiederholen, bis der Reis weich, aber bissfest ist. Vom Herd nehmen und 50 g geriebenen Parmesan sowie 4 EL Pesto einrühren. Gut würzen und servieren.

# Spiegeleier im Western-Stil

**Für 4 Personen**
2 EL Olivenöl
1 Zwiebel, in dünne Scheiben geschnitten
1 rote Chilischote, entkernt und fein gehackt
1 Knoblauchzehe, zerdrückt
1 TL gemahlener Kreuzkümmel
1 TL getrockneter Oregano
400 g Kirschtomaten
200 g eingelegte gegrillte Paprika aus dem Glas, abgegossen und fein gehackt
4 Eier
Salz und frisch gemahlener schwarzer Pfeffer
frischer Koriander zum Garnieren

- Öl in einer großen Pfanne erhitzen. Zwiebel, Chili, Knoblauch, Kreuzkümmel und Oregano zugeben.

- 5 Minuten bei niedriger Hitze glasig braten, dann Tomaten und Paprika zugeben und weitere 5 Minuten kochen. Falls die Sauce trocken wird, einen Schuss Wasser dazugeben.

- Gut würzen und mit einem Löffel vier Dellen in die Masse in der Pfanne drücken. Die Eier eins nach dem anderen aufschlagen und vorsichtig in die vier Dellen geben. Pfanne abdecken und alles 5 Minuten kochen, bis die Eier fest werden.

- Mit gehacktem Koriander bestreuen und servieren.

---

**Scharfe mexikanische Rühreier** 1 EL Olivenöl und 1 EL Butter in einer großen Pfanne erhitzen. 8 Eier, 1 zerdrückte Knoblauchzehe, 1 fein gehackte rote Chilischote, 1 TL getrockneten Oregano und 1 TL gemahlenen Kreuzkümmel verrühren. Würzen, in die Pfanne gießen und bei mittlerer Hitze braten, dabei immer wieder rühren, bis die Eier so fest sind, wie Sie mögen. Mit gehacktem Koriander garnieren und warmen Tortillas servieren.

**Mexikanische Sauce** 2 EL Olivenöl in einer großen Pfanne erhitzen. Je 1 Zwiebel und rote Chilischote fein hacken und mit 1 TL gemahlenem Kreuzkümmel, 1 TL getrocknetem Oregano, 800 g Kirschtomaten sowie 200 g abgetropften und gehackten roten Paprika aus dem Glas in die Pfanne geben. Würzen, zum Kochen bringen und bei mittlerer Hitze 12–15 Minuten kochen. 1 kleine Handvoll frischen Koriander (gehackt) einrühren und zu Nudeln oder Reis servieren.

# Rigatoni mit frischen Tomaten, Chili, Knoblauch und Basilikum

**Für 4 Personen**

6 große, reife Flaschentomaten
1 EL Olivenöl extra vergine
2 Knoblauchzehen, fein gewürfelt
1 rote Chilischote,
 entkernt und fein gehackt
75 ml Gemüsebrühe
25 g fein gehacktes frisches Basilikum
400 g Rigatoni
frisch geriebener Parmesan
 zum Servieren
Salz und frisch gemahlener
 schwarzer Pfeffer

- Vier tiefe Teller oder Schalen vorwärmen. Tomaten in eine Schüssel geben und mit kochendem Wasser überbrühen, sodass sie ganz bedeckt sind. 1–2 Minuten stehen lassen, dann abgießen, Tomaten kreuzweise am Stielansatz einschneiden und Schale abziehen.
- Tomaten leicht abkühlen lassen, dann quer halbieren, mit einem Löffel entkernen und fein würfeln.
- Öl in einer großen beschichteten Pfanne erhitzen. Knoblauch und Chili dazugeben und bei mittlerer Hitze 1–2 Minuten anbraten, bis der Knoblauch duftet, aber nicht braun ist.
- Tomaten, Gemüsebrühe und Basilikum zugeben, gut würzen und 6–8 Minuten leicht köcheln lassen, bis die Sauce andickt. Dabei häufig umrühren.
- In der Zwischenzeit die Rigatoni nach Packungsangabe kochen, abgießen und in die Tomatensauce geben.
- Auf die vorgewärmten Teller verteilen und nach Geschmack mit frisch geriebenem Parmesan servieren.

 **Tomaten-Chili-Basilikum-Sauce**

**ohne Kochen** 6 reife Flaschentomaten, 1 rote Chilischote und 50 g Basilikumblätter fein hacken und mit 2 zerdrückten Knoblauchzehen in eine Schüssel geben. Mit 8 EL Olivenöl extra vergine übergießen und gut würzen. Auf heißen Nudeln, Couscous oder Reis servieren.

 **Nudelauflauf mit Tomaten und Chili**

Ofen auf 220 °C vorheizen. 500 g gekochte Rigatoni in eine flache Auflaufform geben und 700 ml Tomatensauce aus dem Glas, z. B. mit Basilikum, darüber verteilen. Würzen, 1 frisch gehackte Chilischote dazugeben, alles gut vermischen und mit 400 g in Scheiben geschnittenem Mozzarella belegen. 15–20 Minuten backen, bis der Käse goldgelb ist und die Sauce köchelt. Anschließend sofort servieren.

# Spinat-Dal mit Kirschtomaten

**Für 4 Personen**
300 g rote Linsen
200 ml Kokosmilch
600 ml Gemüsebrühe
je 1 TL gemahlener Kreuzkümmel,
  gemahlener Koriander, Kurkuma
  und geriebener frischer Ingwer
300 g frischer Spinat, gehackt
200 g Kirschtomaten
¼ TL Garam Masala
  (indische Gewürzmischung)
25 g frischer Koriander, gehackt
Salz und frisch gemahlener
  schwarzer Pfeffer

*Für das Tarka (Würzöl)*
2 EL Sonnenblumenöl
4 Schalotten, in dünnen Scheiben
3 Knoblauchzehen, in Scheiben
1 TL fein gehackter frischer Ingwer
¼ TL Chilipulver
2 TL zerstoßener Kreuzkümmelsamen
1 TL schwarze Senfsamen

- Linsen in einem Sieb unter fließendem kalten Wasser abspülen, bis das Wasser ganz klar bleibt. Abtropfen und in einen großen Topf geben. Kokosmilch, Gemüsebrühe, Kreuzkümmel, gemahlenen Koriander, Kurkuma und Ingwer dazugeben, zum Kochen bringen und eventuell aufsteigenden Schaum abschöpfen. Dann abgedeckt bei geringerer Hitze 15–20 Minuten köcheln lassen. Gelegentlich umrühren, damit die Masse nicht anbrennt.

- Spinat und Kirschtomaten einrühren und 6–8 Minuten köcheln, bis die Linsen weich und gar sind. Falls die Masse zu dick wird, etwas Gemüsebrühe oder Wasser einrühren.

- In der Zwischenzeit das Tarka zubereiten. Dazu das Öl in einer kleinen Pfanne erhitzen und Schalotten, Knoblauch, Ingwer, Chilipulver, Kreuzkümmelsamen und Senfsamen unter Rühren anbraten. 3–4 Minuten braten, bis die Schalotten leicht gebräunt sind. Dann die Mischung zu den gekochten Linsen geben.

- Garam Masala und gehackten frischen Koriander einrühren und abschmecken. Mit Naan oder Reis servieren.

## 1 Linsen-Dal mit Tomaten und Spinat

800 ml Linsensuppe aus der Dose mit 200 g frischem Spinat, 1 EL mildem Currypulver und 200 g halbierten Kirschtomaten in einem großen Topf zum Kochen bringen und 2–3 Minuten köcheln lassen. In Schalen geben und mit je einem Klecks Joghurt garniert servieren.

##  Scharfes Kirschtomaten-Spinat-Curry

2 EL geriebenen frischen Ingwer und 2 EL zerdrückten Knoblauch mit 200 g Flaschentomaten in einem Mixer pürieren. 100 ml Sonnenblumenöl in einer Pfanne erhitzen, 400 g Kirschtomaten dazugeben und 1–2 Minuten unter Rühren anbraten. Tomaten mit einem Schaumlöffel aus der Pfanne nehmen und auf Küchenpapier abtropfen lassen. Öl bis auf 1 EL Öl abgießen, 2 EL Fenchelsamen und 2 EL Schwarzkümmelsamen in die Pfanne geben und 1–2 Minuten unter Rühren anbraten. Ingwer-Knoblauch-Tomaten-Mischung und 75 g gehackten Spinat dazugeben, unter Rühren köcheln lassen. Je 1 TL gemahlenen Koriander, Kurkuma und Paprikapulver dazugeben. Salzen und pfeffern. Kirschtomaten zugeben und bei mittlerer Hitze 6–8 Minuten sämig köcheln lassen, dabei ständig rühren. Mit Naan oder Chapati servieren.

# Blumenkohlauflauf

**Für 4 Personen**

40 g Butter zzgl. etwas zum Einfetten
500 ml Milch
40 g Mehl
2 Lorbeerblätter
1 Prise Muskatnuss, frisch gerieben
300 g reifer Cheddar, gerieben
500 g große Blumenkohlröschen
4 EL frisch geriebener Parmesan
Salz und frisch gemahlener schwarzer Pfeffer

- Ofen auf mittlere Grillstufe vorheizen.
- Eine flache Auflaufform leicht fetten.
- Für die Sauce die Butter in einem Topf mit dickem Boden erhitzen. In einem anderen Topf die Milch erwärmen. Mehl in die Butter einrühren und bei geringer Hitze 2–3 Minuten anbraten, dabei immer wieder rühren. Topf vom Herd nehmen und die warme Milch nach und nach einrühren. Lorbeerblätter und Muskat dazugeben und gut würzen. Bei geringer Hitze 10–12 Minuten köcheln, bis das Mehlaroma verkocht ist, dabei häufig rühren. Cheddar einrühren und vom Herd nehmen.
- Blumenkohlröschen 5–6 Minuten in kochendem Wasser blanchieren. Gut abtropfen, in die Auflaufform geben und die Sauce darübergießen.
- Parmesan über den Auflauf streuen und auf Grillstufe 1 Minute überbacken, bis die Oberfläche goldbraun ist. Anschließend sofort servieren.

---

### Blumenkohl mit schneller Käse-Senf-Sauce

400 g fertige Béchamelsauce erhitzen und 4 EL geriebenen Cheddar einrühren. In der Zwischenzeit 900 g Blumenkohlröschen 5–6 Minuten gar blanchieren und in eine Schale geben. 2 EL Dijonsenf in die aufgewärmte Sauce rühren und über den Blumenkohl geben. Würzen, gut umrühren und mit knusprigem Brot servieren.

### Blumenkohlcremesuppe

500 g Blumenkohlröschen, 1 gehackte Zwiebel und 1 zerdrückte Knoblauchzehe mit 900 ml heißer Gemüsebrühe in einen Topf geben und zum Kochen bringen. Zudecken und bei mittlerer Hitze 12–15 Minuten kochen lassen. 300 g Crème double einrühren und erneut aufkochen. Vom Herd nehmen und mit einem Stabmixer glatt pürieren. Würzen und kurz vor dem Servieren 200 g geriebenen Cheddar einrühren.

# Gemüsereispfanne

**Für 4 Personen**
2 EL Sonnenblumenöl
6 Frühlingszwiebeln, schräg in 2,5 cm lange Stücke geschnitten
2 Knoblauchzehen, zerdrückt
1 TL geriebener frischer Ingwer
1 rote Paprika, entkernt und fein gehackt
1 Karotte, geschält und fein gewürfelt
300 g Erbsen
500 g heller Langkornreis, gekocht
1 EL dunkle Sojasauce
1 EL süße Chilisauce
frische Koriander- und Minzeblätter, gehackt, zum Garnieren

- Öl in einem großen beschichteten Wok erhitzen. Frühlingszwiebeln, Knoblauch und Ingwer zugeben und 4–5 Minuten unter Rühren anbraten. Rote Paprika, Karotte und Erbsen zugeben. Bei großer Hitze 3–4 Minuten anbraten, dabei ständig rühren.

- Reis, Sojasauce und süße Chilisauce einrühren und 3–4 Minuten unter Rühren braten, bis der Reis durch und durch heiß ist.

- Vom Herd nehmen, mit gehackten frischen Koriander- und Minzeblättern garnieren und servieren.

---

**Eiernudeln mit Gemüse** 2 EL Öl in einem Wok erhitzen. 300 g küchenfertiges Mischgemüse dazugeben und 2–3 Minuten bei großer Hitze anbraten, dabei ständig rühren. 600 g gequollene Asia-Eiernudeln und 125 g Sauce für Gemüsepfanne aus dem Glas oder Tetrapack dazugeben. 1–2 Minuten unter Rühren braten, bis alles sehr heiß ist, dann servieren.

**Chinesische Gemüsepfanne nach Szechuan-Art** 2 EL Olivenöl in einem Wok Pfanne erhitzen. 2 gehackte Schalotten, 2 in dünne Scheiben geschnittene Chilischoten, 2 TL geriebenen Ingwer, 2 TL zerdrückten Knoblauch, 1 TL zerdrückte Szechuanpfefferkörner und 1 Prise Salz in den Wok geben und 1 Minute anbraten. 150 g gewürfelten Tofu zugeben, 2 Minuten unter Rühren anbraten, dann alles auf einen Teller geben. 1 Karotte und 2 Paprika in dünne Streifen schneiden. 200 g Zuckerschoten längs halbieren. 2 EL Sonnenblumenöl im Wok erhitzen und das Gemüse unter Rühren braten, bis es weich wird. Dann 2 EL helle Sojasauce und 2 EL chinesischen Reiswein dazugeben. Tofu und Gewürze zurück in den Wok geben und alles gut vermischen. Mit 1 EL Sesamöl beträufeln und mit gekochten asiatischen Eiernudeln oder gebratenem Reis servieren.

# 30 Tomaten-Auberginen-Papardelle

**Für 4 Personen**

- 4 EL Olivenöl extra vergine
- 1 große Aubergine, in 1,5 cm große Würfel geschnitten
- 1 kleine Zwiebel, fein gewürfelt
- 2 Knoblauchzehen, zerdrückt
- 350 ml Nudelsauce Tomate-Basilikum aus dem Glas
- 400 g getrocknete Papardelle oder Tagliatelle
- 250 g Büffelmozzarella, abgegossen und gewürfelt
- 4 EL frisch geriebener Parmesan und Basilikumblätter (nach Geschmack) zum Garnieren

- Einen großen Topf Salzwasser für die Nudeln aufsetzen.
- Öl in einer großen Pfanne bei mittlerer Hitze erwärmen. Auberginen zugeben und 5 Minuten unter Rühren anbraten.
- Zwiebel und Knoblauch zugeben und 1 Minute anbraten. Tomatensauce und 200 ml Wasser zugießen, zum Sieden bringen und 8–10 Minuten köcheln lassen, bis die Auberginen gar sind. Abschmecken.
- In der Zwischenzeit die Nudeln nach Packungsangabe kochen. Vom Herd nehmen, abgießen und zurück in den Topf geben.
- Mozzarella in die Sauce geben und rühren, bis er weich wird und Fäden zieht. Dann die Sauce zu den Nudeln geben. Gut vermischen, nach Geschmack frisch geriebenen Parmesan und Basilikumblätter darübergeben und servieren.

 **Tomaten-Auberginen-Pizza mit Mozzarella** Ofen auf 220 °C vorheizen. 2 Pizzaböden (23 cm Ø) aus dem Kühlregal ausrollen und auf zwei Backbleche geben. Mit der Tomaten-Auberginen-Sauce aus dem Rezept oben bestreichen. 250 g gewürfelten Mozzarella darüberverteilen und 8–10 Minuten backen. Heiß servieren.

 **Salat mit gegrillter Aubergine, Tomate und Basilikum** 2 große Auberginen in dünne Scheiben schneiden und mit etwas Olivenöl bestreichen. Grillpfanne erhitzen und Auberginenscheiben bei großer Hitze von jeder Seite 2–3 Minuten gar braten, auf eine Platte geben. 4 große, reife Tomaten und 250 g Büffelmozzarella in Scheiben schneiden, mit den Auberginen anrichten. 6 EL Olivenöl, 1 zerdrückte Knoblauchzehe und den Saft von 1 Zitrone verrühren, würzen, über den Salat träufeln. Mit 1 Handvoll Basilikum servieren.

# Maissalat Tex-Mex

**Für 4 Personen**

400 g Mais aus der Dose
400 g eingelegte gegrillte Paprika aus dem Glas, abgegossen und in Scheiben
1 rote Zwiebel, fein gehackt
4 EL Jalapeño-Chilis aus dem Glas, in Scheiben
400 g rote Kidneybohnen aus der Dose, abgegossen
4 EL gehackte glatte Petersilie
6 EL Salatdressing
Salz und frisch gemahlener schwarzer Pfeffer

- Mais, Paprika, Zwiebel, Jalapeño-Chili und Kidneybohnen in eine Schüssel geben. Petersilie darüberstreuen.
- Salatdressing darübergießen, würzen, gut durchmischen und servieren.

## Kartoffel-Mais-Pfanne mit roter Paprika

Vier Teller vorwärmen. 400 g in Würfel geschnittene Kartoffeln in kochendem Salzwasser 5 Minuten kochen. Gut abgießen. Je 2 EL Öl und Butter in einer tiefen Pfanne bei mittlerer Hitze erwärmen. Kartoffeln hineingeben, 5–6 Minuten braten. 1 gewürfelte rote Paprika dazu und 2–3 Minuten braten. 400 g Mais aus der Dose in die Pfanne geben, 1 gehackte rote Chilischote, 6 Frühlingszwiebeln und 2 Knoblauchzehen, beides in Scheiben, einrühren. Würzen und 5 Minuten gar kochen. Inzwischen 4 Eier nach Geschmack braten. Die Kartoffel-Mais-Pfanne auf die Teller verteilen, je 1 Ei darübergeben, servieren.

## Mais-Frittata mit roter Paprika

Ofen auf mittlere Grillstufe vorheizen. 2 EL Olivenöl in einer mittelgroßen beschichteten Pfanne bei mittlerer Hitze erwärmen. Eine Zwiebel fein hacken, ins Öl geben und 2–3 Minuten unter Rühren anbraten. 400 g Mais aus der Dose und 400 g eingelegte gegrillte Paprika aus dem Glas, abgegossen und gehackt, zugeben. 1–2 Minuten unter Rühren braten. 4 Eier leicht verquirlen und in die Pfanne gießen. Gut würzen und mit 4 EL fein gehackter glatter Petersilie bestreuen. Bei geringer Hitze 10 Minuten köcheln lassen, bis die Unterseite fest ist. Vom Herd nehmen und im Ofen unter dem Grill 3–4 Minuten backen, bis die Oberseite fest und goldgelb ist. In dicke Tortenstücke schneiden und warm oder lauwarm servieren. Dazu Salat reichen.

# 30 Räucherkäse-Quesadillas mit Paprika-Spinat-Füllung

**Für 4 Personen**

300 g frischer Spinat
200 g eingelegte gegrillte Paprika aus dem Glas, abgegossen und grob gehackt
8 Frühlingszwiebeln, fein gehackt
200 g Räucherkäse, klein gewürfelt
150 g Cheddar, gerieben
1 rote Chilischote, entkernt und fein gehackt
4 EL fein gehackter Koriander
8 weiche Maistortillas
Salz und frisch gemahlener schwarzer Pfeffer
Olivenöl zum Einfetten
saure Sahne zum Servieren

- Spinat in leicht gesalzenem Wasser 1–2 Minuten blanchieren. Durch ein feines Sieb gut abseihen und dabei die ganze Flüssigkeit ausdrücken. Mit den gegrillten Paprika, Frühlingszwiebeln, Räucherkäse, Cheddar, Chili und Koriander in eine Schüssel geben, würzen und gut durchmischen.

- Ein Viertel der Spinatmischung auf einer der Tortillas verteilen, eine zweite Tortilla darauflegen und andrücken. Auf diese Weise insgesamt 4 Quesadillas machen.

- Zwei große Pfannen mit etwas Olivenöl einfetten und bei mittlerer Hitze erwärmen. In jede Pfanne eine Quesadilla geben und 2 Minuten goldgelb braten. Auf einen Teller stürzen und umgedreht zurück in die Pfanne geben. Von der anderen Seite 2 Minuten braten, bis die Füllung heiß ist und der Käse schmilzt. Aus den Pfannen nehmen und die anderen beiden Quesadillas braten.

- Alle Quesadillas in Viertel schneiden, mit saurer Sahne servieren.

### Eiernudelpfanne mit Paprika und Spinat

3 EL helles Olivenöl im Wok erhitzen. 8 Frühlingszwiebeln in Scheiben, 2 zerdrückte Knoblauchzehen, 1 rote Chilischote in Scheiben, 300 g frischen Spinat und 400 g eingelegte gegrillte Paprika aus dem Glas, abgegossen und in Scheiben geschnitten, dazugeben. Alles 4–5 Minuten bei großer Hitze anbraten, bis der Spinat weich wird, dabei ständig rühren. 400 g gekochte Eiernudeln und 6 EL süße Chilisauce einrühren und 1–2 Minuten braten, bis alles heiß ist.

### Scharfe Gemüse-Cheeseburger mit Spinat und Paprika

2 EL Olivenöl in einer großen Pfanne oder im Wok erhitzen. 6 Frühlingszwiebeln in feinen Scheiben und 200 g frischen Spinat dazugeben und 5–6 Minuten unter Rühren braten, bis der Spinat weich wird. Würzen und beiseitestellen. 4 Burger-Brötchen halbieren, leicht toasten und jede Hälfte mit 2 EL Mayonnaise bestreichen. 200 g eingelegte gegrillte Paprika aus dem Glas, abgegossen und in Scheiben geschnitten, auf die Brötchenunterseiten verteilen. Spinat daraufgeben und mit je 2 Scheiben Räucherkäse bedecken. Darauf die Brötchenoberhälften setzen, leicht andrücken und servieren.

# Bulgur-Kichererbsen-Salat mit Kräutern

**Für 4 Personen**

400 g Kichererbsen aus der Dose, abgegossen
100 g fertig gequollener Bulgur
200 g eingelegte gegrillte Paprika aus dem Glas, abgegossen und gehackt
1 große Handvoll Dill, gehackt
1 große Handvoll Koriander, gehackt
6 EL Olivenöl
Saft von 1 Orange
1 TL gemahlener Kreuzkümmel
Salz und frisch gemahlener schwarzer Pfeffer

- Kichererbsen, Bulgur und rote Paprika in eine Schüssel geben. Dill und Koriander darüberstreuen.
- Für das Dressing Olivenöl, Orangensaft und Kreuzkümmel verrühren und gut würzen. Über den Salat geben, gut vermischen und servieren.

**Orientalischer Kichererbsen-Pilaw mit Kräutern** 2 EL Öl und 2 EL Butter in einem Topf mit schwerem Boden erhitzen. Je 1 rote Zwiebel und Knoblauchzehe hacken, mit 2 TL gemahlenem Kreuzkümmel und 1 TL Zimtpulver ins heiße Fett geben und 1–2 Minuten anbraten. 400 g Basmati-Minutenreis, 400 g Kichererbsen aus der Dose, abgegossen, 4 EL gehackten Dill und 900 ml heiße Gemüsebrühe dazugeben. Gut würzen, aufkochen und dann zugedeckt bei geringer Hitze 10 Minuten köcheln lassen. Vom Herd nehmen, 8–10 Minuten stehen lassen. Reis mit einer Gabel auflockern und servieren.

**Türkischer Kichererbsen-Bulgur-Pilaw** 2 EL Olivenöl in einem großen Topf erhitzen. 1 rote Zwiebel fein hacken und bei mittlerer Hitze 10–12 Minuten goldgelb anbraten, dabei ständig rühren. 1 zerdrückte Knoblauchzehe, 1 TL gemahlenen Kreuzkümmel, 1 TL Zimtpulver und 200 g Bulgur einrühren und 1–2 Minuten unter Rühren anbraten. 350 ml Gemüsebrühe angießen, gut rühren und aufkochen. Zugedeckt bei mittlerer Hitze 6–8 Minuten köcheln lassen, bis die Flüssigkeit aufgesogen ist. 200 g eingelegte rote Paprika aus dem Glas abtropfen lassen und grob hacken und mit 400 g Kichererbsen aus der Dose in den Topf geben, ohne umzurühren. Zugedeckt 5–10 Minuten ziehen lassen. Kurz vor dem Servieren den Bulgur mit einer Gabel auflockern und dabei die roten Paprika und Kichererbsen unterrühren. 25 g gehackten Dill, 25 g gehackte glatte Petersilie und 2 EL fein gehackte Minze vorsichtig unterheben. Abschmecken und heiß, lauwarm oder kalt servieren.

 # Asiatischer Sommersalat mit kalten Soba-Nudeln

**Für 4 Personen**

600 g gekochte Soba-Nudeln (japanische Buchweizennudeln)
2 Möhren, in feine Julienne-Streifen geschnitten
6 Frühlingszwiebeln, fein gehackt
1 rote Paprika, in dünne Streifen geschnitten
4 EL dunkle Sojasauce
3 EL Sesamöl
1 EL Mirin (süßer Reiswein)
1 EL Streuzucker
½ TL Chiliöl

- Soba-Nudeln, Möhren, Frühlingszwiebeln und Paprika in eine große Schüssel geben.
- Sojasauce, Sesamöl, Mirin, Zucker und Chiliöl in einem kleinen Gefäß gut verrühren und über die Nudel-Gemüse-Mischung geben.
- Gut vermengen und gekühlt oder bei Zimmertemperatur servieren.

 ### Warmer Nudelsalat mit Sojabohnen

250 g Soba-Nudeln zusammen mit 250 g TK-Sojabohnen in kochendes Salzwasser geben und nach Packungsangabe für die Nudeln kochen. Abgießen und zurück in den Topf geben, dazu 6 in Scheiben geschnittene Frühlingszwiebeln. Zudecken und warm stellen. 1 TL frisch geriebenen Ingwer, 1 entkernte und fein gehackte rote Chilischote, 1 EL dunkles Sesamöl, 3 EL Mirin (süßer Reiswein), 3 EL helle Sojasauce und 1 TL flüssigen Honig verrühren. Über die Nudeln geben und gut vermischen. Mit 2 EL gerösteten Sesamsamen und 4 EL fein gehacktem frischen Koriander bestreuen und servieren.

 ### Asiatische Soba-Shiitake-Suppe

250 g Soba-Nudeln nach Packungsangabe kochen, abgießen und auf vier Schalen verteilen. In der Zwischenzeit 1 l heiße Gemüsebrühe, 3 EL Mirin (süßer Reiswein), 200 g in Scheiben geschnittene Shiitakepilze und 5 EL dunkle Sojasauce in einem Topf zum Kochen bringen. 200 g halbierte Zuckerschoten dazugeben und weitere 4–5 Minuten köcheln lassen, bis die Zuckerschoten gar sind. Abschmecken und nach Geschmack mehr Sojasauce zugeben. Suppe mit Pilzen und Zuckerschoten auf die Nudeln in den Schalen geben, mit dünnen Frühlingszwiebelscheiben garnieren und servieren.

# Tortellini-Rucola-Salat mit gegrillten Paprika

**Für 4 Personen**

2 Packungen frische Tortellini mit Spinat-Ricotta-Füllung (à 250 g)
400 g eingelegte gegrillte Paprika aus dem Glas, abgegossen
1 rote Zwiebel, in dünne Scheiben geschnitten
100 g Rucola
200 ml Salatdressing „Italienische Art"
frisch gemahlener schwarzer Pfeffer

- Tortellini nach Packungsangabe kochen.
- Paprika hacken und mit der Zwiebel und dem Rucola in eine Schüssel geben. Gekochte Tortellini dazugeben.
- Salatdressing darübergeben, gut mischen, schwarzen Pfeffer frisch darübermahlen und servieren.

### Tortelliniauflauf mit roter Paprika

Ofengrill vorheizen. 2 Packungen frische Tortellini mit Spinat-Ricotta-Füllung (à 250 g) kochen und in eine gefettete Auflaufform geben. 400 g eingelegte gegrillte Paprika aus dem Glas, abgegossen, hacken, zusammen mit 400 g gehackten Tomaten mit Kräutern und Knoblauch aus der Dose sowie 350 ml Käsesauce aus dem Glas oder Tetrapack zu den Tortellini geben und gut vermischen. Im Ofengrill 4–5 Minuten überbacken, bis die Oberfläche goldgelb ist und die Sauce köchelt. Warm servieren, dazu Rucolasalat reichen.

### Tortellini mit roter und gelber Paprika

Ofengrill vorheizen. Je 1 rote und gelbe Paprika in große Stücken schneiden, dabei Kerne und weiße Innenhaut entfernen. Mit der Außenseite nach oben auf ein Backblech legen und im Ofen grillen, bis die Haut dunkel und blasig wird. In einen Frischhaltebeutel geben, abkühlen lassen und die Haut abziehen. Die weißen Enden von 8 Frühlingszwiebeln grob hacken, mit den Paprika und 2 gehackten Knoblauchzehen in einen Mixer geben und fein hacken. 2 Packungen frische Tortellini mit Spinat-Ricotta-Füllung (à 250 g) in einem großen Topf nach Packungsangabe kochen, abgießen und zurück in den Topf geben. Die Paprikamischung zu den Tortellini geben. 6 EL Olivenöl und 40 g geriebenen Parmesan darübergeben, würzen, mit etwas geschnittenen Frühlingszwiebeln garnieren und servieren.

# Pfannkuchen mit Kräutern und Pilzsahne

**Für 4 Personen**

2 EL Butter zzgl. etwas zum Einfetten
300 g kleine braune Champignons, in Scheiben
6 Frühlingszwiebeln, in dünnen Scheiben
2 Knoblauchzehen, zerdrückt
500 ml Käsesauce aus dem Glas oder Tetrapack (z. B. Quattro Formaggi)
300 g frischer Spinat
4 EL fein gehackte glatte Petersilie
2 EL fein gehackter Estragon
8 Fertig-Pfannkuchen
50 g Parmesan, gerieben
Salz und frisch gemahlener schwarzer Pfeffer
Salatblätter zum Anrichten

- Ofen auf mittlere Grillstufe vorheizen. Butter in einer großen beschichteten Pfanne erhitzen. Champignons, Frühlingszwiebeln und Knoblauch hineingeben und bei großer Hitze 6–7 Minuten anbraten, dabei ständig rühren.

- Die Hälfte der Käsesauce einrühren und erhitzen, bis sie Blasen schlägt. Spinat zugeben und 1 Minute kochen, bis er weich wird. Vom Herd nehmen, gehackte Kräuter einrühren und würzen.

- Ein Achtel der Füllung in die Mitte von einem Pfannkuchen geben. Den Pfannkuchen vorsichtig aufrollen und in eine flache, gefettete Auflaufform legen. Mit den übrigen Pfannkuchen genauso verfahren. Die restliche Käsesauce über die Pfannkuchen gießen, geriebenen Parmesan darüberstreuen und nach Geschmack pfeffern und salzen.

- 3–4 Minuten überbacken, bis die Oberfläche goldgelb und alles sehr heiß ist. Mit Salatblättern anrichten und servieren.

---

 **Spaghetti mit cremiger Pilzsauce**

400 g Spaghetti nach Packungsangabe kochen. In der Zwischenzeit 300 g braune Champignons mit 500 ml Käsesauce aus dem Glas oder Tetrapack (z. B. Quattro Formaggi) im Mixer verrühren, in einen großen Topf geben und aufkochen. 2–3 Minuten köcheln lassen, dann 4 EL gehackten Estragon einrühren. Nudeln abgießen und zur Pilzsauce geben. Gut vermischen, würzen und direkt servieren.

 **Überbackene Champignons mit Knoblauch-Kräuter-Füllung**

Ofengrill vorheizen. 8 großköpfige Champignons säubern, entstielen und die Stiele fein hacken. 2 EL Butter in einer großen beschichteten Pfanne erhitzen. Gehackte Pilzstiele, 4 gehackte Frühlingszwiebeln und 1 zerdrückte Knoblauchzehe in die Pfanne geben und bei großer Hitze 6–8 Minuten anbraten, dabei ständig rühren. Gut würzen und mit 200 g Hüttenkäse, 1 EL geriebener Zitronenschale, 3 EL gehackter glatter Petersilie und 3 EL gehacktem Estragon in eine Schüssel geben. Pilze mit der Unterseite nach oben nebeneinander auf ein Backblech legen und gut würzen. Die Füllung auf die Pilzköpfe verteilen und 50 g geriebenen Parmesan darüberstreuen. Backblech in die oberste Schiene unter den Ofengrill schieben und Champignons goldbraun überbacken. Vier Teller mit 50 g Spinatblättern auslegen, die gefüllten Pilze darauf verteilen und servieren.

QuickVeggie
# Kochen für Gäste

# Rezepte nach Zubereitungszeit

## 30

| | |
|---|---|
| Pikanter bunter Frucht-Pilaw | 178 |
| Crêpes mit Spargel und Fontina | 180 |
| Orientalischer Reis mit Pilzen, Brokkoli und schwarzen Bohnen | 182 |
| Kürbis-Salbei-Tagliatelle | 184 |
| Vegetarisches Phad Thai | 186 |
| Käsesoufflé mit Estragon | 188 |
| Ravioli-Süßkartoffel-Auflauf mit Kirschtomaten und Zitrone | 190 |
| Gegrillter Halloumi mit gegrillten Paprika | 192 |
| Malaiischer Kokos-Gemüse-Eintopf | 194 |
| Nasi Goreng | 196 |
| Blätterteigtarte mit Pesto und Antipasti | 198 |
| Blitz-Ratatouille | 200 |
| Couscoussalat mit gegrilltem Gemüse | 202 |
| Reisnudel-Tofu-Salat mit Szechuanpfeffer | 204 |
| Herbstliche marokkanische Gemüse-Tajine | 206 |
| Geschmorte Baby-Auberginen mit Honig und Harissa | 208 |
| Soufflé mit Brokkoli und Blauschimmelkäse | 210 |
| Orientalische Frühlingszwiebelsuppe mit Kräutern | 212 |
| Gebratener Spargel mit Kaperndressing und Enteneiern | 214 |
| Kräuter-Zitronen-Risotto | 216 |
| Udon-Nudel-Pfannkuchen mit gebratenem Spargel | 218 |
| Tarte mit Tomaten, Camembert, Ziegenkäse und Kräutern | 220 |
| Limabohnen-Gemüseauflauf mit Nussstreuseln | 222 |
| Tomatencurry mit Eiern | 224 |

## 20

| | |
|---|---|
| Fruchtige, nussige Reispfanne | 178 |
| Spargelsoufflé mit Fontina und Kräutern | 180 |
| Brokkoli und Pilze mit Nudeln in Schwarze-Bohnen-Sauce | 182 |
| Kürbis-Tomatensuppe mit Salbei | 184 |
| Vietnamesischer Nudelsalat mit Gemüse | 186 |
| Nudel-Käse-Gratin mit Estragon | 188 |
| Ravioli mit Süßkartoffeln, Tomaten und Rucola | 190 |
| Frittierter Halloumi im Bierteig | 192 |
| Scharfe Nudeln mit Gemüse und Kokos | 194 |
| Pikanter indonesischer Reiseierkuchen | 196 |
| Nudelsalat mit Pesto und Antipasti | 198 |
| Gegrilltes Gemüse | 200 |
| Taboulé mit gegrilltem Gemüse | 202 |
| Scharfe Szechuan-Pfanne mit Tofu und Gemüse | 204 |

# 10

| | | |
|---|---|---|
| Marokkanische Gemüsesauce mit Wurzelgemüse 206 | Fruchtig-scharfer Couscous 178 | Cremige Brokkolisuppe mit Blauschimmelkäse 210 |
| Knusprige marokkanische Auberginenpuffer mit Harissa 208 | Überbackene Bruschetta mit Spargel und Fontina 180 | Schnittlauch-Dill-Rührei mit Frischkäse 212 |
| Nudeln mit gebratenem Brokkoli und Blauschimmelkäse 210 | Brokkoli-Pilz-Pfanne mit schwarzen Bohnen 182 | Grüner Salat mit Spargel und Enteneiern 214 |
| Pfannkuchen mit Frühlingszwiebeln, Dill und Schnittlauch 212 | Schnelle Kürbis-Salbei-Ravioli 184 | Gemüsereis mit Zitrone 216 |
| Spanische Tortilla mit Spargel und Rispentomaten 214 | Thai-Gemüsesalat 186 | Udon-Nudelpfanne mit Spargel 218 |
| Kräuter-Zitronen-Tagliatelle 216 | Estragon-Cheddar-Omelett 188 | Tomaten-Tapenade-Baguette mit zweierlei Käse 220 |
| Udon-Nudeln mit Spargel und Bohnen 218 | Rucola-Tomaten-Salat mit Ravioli 190 | Limabohnen-Walnuss-Pastete 222 |
| Nudeln mit frischen Tomaten und zweierlei Käse 220 | Paprika-Halloumi-Spieße 192 | Schneller Curry-Ei-Salat 224 |
| Gemüsesuppe mit Limabohnen 222 | Schnelle asiatische Kokossuppe 194 | |
| Scharfes Omelett auf indische Art 224 | Schnelle, scharfe Reissuppe 196 | |
| | Spaghetti mit Pesto und Kirschtomaten 198 | |
| | Dicke Gemüsesuppe 200 | |
| | Couscous mit Zitrone und Kräutern 202 | |
| | Tofupfanne nach Szechuan-Art 204 | |
| | Marokkanischer Couscous 206 | |
| | Sautierte Auberginen mit Harissa 208 | |

# Pikanter bunter Frucht-Pilaw

**Für 4 Personen**
1 TL Safranfäden
1 l heiße Gemüsebrühe
400 g Basmatireis
je 1 EL Olivenöl und Butter
3 Schalotten, fein gehackt
2 Knoblauchzehen, fein gehackt
4 Kardamomkapseln, leicht zerdrückt
2 Gewürznelken
2 Zimtstangen
2 TL Kreuzkümmelsamen
2 Karotten, geschält, fein gewürfelt
4 EL gehackter Dill
300 g Sojabohnen
100 g helle Sultaninen
100 g getrocknete Cranberrys
Kerne von 1 reifem Granatapfel
50 g Pistaziensplitter
Salz und frisch gemahlener schwarzer Pfeffer

- Safranfäden in die heiße Gemüsebrühe geben und beiseitestellen.
- Reis unter fließendem kalten Wasser abspülen und abtropfen lassen.
- Öl und Butter in einem Topf mit dickem Boden erhitzen, Schalotten und Knoblauch hineingeben und 1–2 Minuten bei mittlerer Hitze anbraten, dabei ständig rühren.
- Kardamom, Gewürznelken, Zimtstangen, Kreuzkümmelsamen, Reis und Karotten zugeben und alles gut vermischen. Gemüse-Safran-Brühe angießen, Dill dazugeben und aufkochen. Sojabohnen, helle Sultaninen und Cranberrys einrühren. Fest mit einem Deckel verschließen und bei niedriger Hitze 10–12 Minuten bedeckt köcheln lassen.
- Vom Herd nehmen und 10 Minuten ruhen lassen.
- Deckel abnehmen. Die Flüssigkeit sollte vollständig aufgesogen sein. Granatapfelkerne und Pistaziensplitter einrühren, servieren.

---

 **Fruchtig-scharfer Couscous** 400 g gequollenen Couscous in eine große Schüssel geben. 1 Karotte in hauchdünne Streifen schneiden und mit 2 in dünne Scheiben geschnittenen Schalotten, 100 g hellen Sultaninen, 100 g gehacktem Dill und 100 g Granatapfelkernen zum Couscous geben. 6 EL Olivenöl mit dem Saft von 1 Orange, 1 TL Zimtpulver und 1 TL gemahlenem Kreuzkümmel verrühren und über den Couscous geben. Würzen, gut vermengen und servieren.

 **Fruchtige, nussige Reispfanne** 2 EL Butter und 2 EL Pflanzenöl in einem großen Wok oder der Pfanne erhitzen. 1 Zwiebel in dünne Scheiben schneiden und bei mittlerer Hitze 10–12 Minuten goldbraun anbraten, dabei ständig rühren. 500 g gekochten Langkorn- oder Basmatireis und 100 ml Gemüsebrühe einrühren und bei großer Hitze 4–5 Minuten braten, dabei rühren. 100 g helle Sultaninen, 100 g getrocknete Cranberrys, 100 g Pistazienkerne und 100 g geröstete Pinienkerne einrühren. 1–2 Minuten unter Rühren braten, bis alles heiß und gut durchmischt ist. Würzen und mit Naturjoghurt servieren.

# Crêpes mit Spargel und Fontina

**Für 4 Personen**

750 g grüner Spargel, ohne holzige Enden
3 EL Olivenöl
15 g Parmesan, frisch gerieben, zzgl. etwas zum Bestreuen
500 ml helle Sauce aus dem Glas oder Tetrapack (z. B. Béchamel)
Muskatnuss, frisch gerieben, nach Geschmack
12 fertige, herzhafte Pfannkuchen (selbst gemacht oder aus dem Kühlregal)
125 g Fontina zzgl. etwas zum Bestreuen

- Ofen auf 240 °C vorheizen. Spargel in eine Bratenform geben, Öl darübergeben, gut verteilen und 7 Minuten im Ofen garen. Beiseitestellen.

- Ofentemperatur auf 220 °C verringern.

- Parmesan in die helle Sauce rühren und mit Muskatnuss abschmecken. Einen der Pfannkuchen mit etwas Sauce bestreichen und mit je einem Zwölftel der Spargel und des Fontinas belegen. Aufrollen und in eine große Auflaufform legen. Mit den anderen Pfannkuchen genauso verfahren.

- Die restliche Sauce über die aufgerollten Pfannkuchen gießen, mit etwas Käse und Muskatnuss bestreuen, im Ofen 12–15 Minuten goldgelb überbacken und servieren.

### Überbackene Bruschetta mit Spargel und Fontina
Den Ofengrill vorheizen. 600 g grünen Spargel in leicht gesalzenem Wasser 2–3 Minuten blanchieren. Abgießen und den Spargel auf 8 Scheiben getoastetes Bauernbrot verteilen. 200 g Fontina über den Spargel reiben. 2–3 Minuten im Ofen überbacken, bis der Käse geschmolzen ist. Würzen und mit knackigem Blattsalat servieren.

### Spargelsoufflé mit Fontina und Kräutern
Ofen auf 220 °C vorheizen. Vier Auflaufförmchen mit weicher Butter einfetten. 2 EL Butter in einer Pfanne erhitzen. 200 g grüne Spargel und 6 Frühlingszwiebeln hacken und 3–4 Minuten unter Rühren anbraten. Anschließend gründlich durch ein Sieb abseihen und trocken tupfen. 4 Eiweiße steif schlagen, 4 Eigelbe separat verrühren und zum Spargel geben. 6 EL gehackten Dill und 6 EL geriebenen Fontina dazugeben. 1 TL Dijonsenf einrühren, würzen und mit einem Metalllöffel vorsichtig den Eischnee darunterheben. Die Masse auf die Auflaufförmchen verteilen und 12–15 Minuten im Ofen backen, bis die Soufflés aufgehen und etwas fest werden. Mit einem knackigen Salat mit Tomaten servieren.

# Brokkoli und Pilze mit Nudeln in Schwarze-Bohnen-Sauce

**Für 4 Personen**

*Für die Schwarze-Bohnen-Sauce*
1 EL fermentierte schwarze Bohnen, gut abgespült
1 EL helle Sojasauce
2 Knoblauchzehen, zerdrückt
1 rote Chilischote, entkernt, gehackt
1 EL chinesischer Reiswein

1 EL Sonnenblumenöl
1,5 cm Ingwer, in dünne Stifte geschnitten
200 g kleine Brokkoliröschen
200 g Shiitakepilze
6 Frühlingszwiebeln, in 1,5 cm lange Stücke geschnitten
1 rote Paprika, in Streifen geschnitten
300 ml Gemüsebrühe
500 g asiatische Eiernudeln
2 EL helle Sojasauce
1 EL Maismehl

- Alle Zutaten für die Schwarze-Bohnen-Sauce in einen Mixer geben, fast glatt pürieren und beiseitestellen.
- Einen Wok hoch erhitzen und vorsichtig das Öl hineingießen. Wenn das Öl zu dampfen beginnt, vorsichtig die Ingwerstifte hineingeben und ein paar Sekunden unter Rühren anbraten. Dann den Brokkoli in den Wok geben und 2–3 Minuten unter Rühren anbraten.
- Shiitakepilze, Frühlingszwiebeln und rote Paprika mit in den Wok geben und 2–3 Minuten unter Rühren braten.
- Die Schwarze-Bohnen-Sauce aus dem Mixer und die Gemüsebrühe zugießen und zum Köcheln bringen. 2–3 Minuten gar köcheln lassen.
- In der Zwischenzeit die Eiernudeln nach Packungsangabe kochen, abgießen und warm stellen.
- Wokgemüse mit Sojasauce abschmecken. Maismehl mit 2 EL Wasser zu einer Paste verrühren und dazugeben, alles 1 Minute köcheln lassen, bis die Sauce eindickt. Mit Eiernudeln servieren.

---

### Brokkoli-Pilz-Pfanne mit schwarzen Bohnen

1 EL Olivenöl in einem Wok erhitzen. 300 g Shiitakepilze und 6 Frühlingszwiebeln in Scheiben schneiden, mit 300 g Brokkoliröschen in den Wok geben. Bei großer Hitze 3–4 Minuten unter Rühren anbraten. 100 ml Wasser und 125 ml Schwarze-Bohnen-Sauce aus der Flasche zufügen. Bei großer Hitze 3–4 Minuten unter Rühren braten, mit Asia-Nudeln servieren.

### Orientalischer Reis mit Pilzen, Brokkoli und schwarzen Bohnen

2 EL Öl in einem Topf mit dickem Boden erhitzen. 2 EL frisch geriebenen Ingwer, 2 EL zerdrückten Knoblauch, 8 Frühlingszwiebeln und 300 g Shiitakepilze, beides in Scheiben geschnitten, sowie 200 g Brokkoliröschen zum Öl geben. 3–4 Minuten unter Rühren anbraten. 300 g Langkornreis einrühren, gut vermischen, dann 750 ml heiße Gemüsebrühe und 200 g schwarze Bohnen aus der Dose, abgegossen, dazugeben. Würzen, aufkochen, fest abdecken und bei verminderter Hitze 10–12 Minuten köcheln lassen. Dann vom Herd nehmen und 10 Minuten ziehen lassen. 4 EL helle Sojasauce einrühren, den Reis mit einer Gabel auflockern und servieren.

# Kürbis-Salbei-Tagliatelle

**Für 4 Personen**

900 g Kürbis (z. B. Butternut-Kürbis oder Riesenkürbis), geschält, entkernt und in 1,5 cm große Würfel geschnitten
4 EL Olivenöl
500 g frische Tagliatelle
80 g Rucola
8 Salbeiblätter, gehackt
frisch geriebener Parmesan nach Geschmack zum Servieren
Salz und frisch gemahlener schwarzer Pfeffer

- Ofen auf 220 °C vorheizen. Kürbiswürfel in eine kleine Bratform geben, mit 2 EL Olivenöl beträufeln, würzen und gut vermischen. Im Ofen 15–20 Minuten gar rösten.
- In der Zwischenzeit einen Topf mit gesalzenem Wasser zum Kochen bringen und Tagliatelle nach Packungsangabe garen. Abgießen und zurück in den Topf geben. Rucola, Salbei und gerösteten Kürbis dazugeben. Bei niedriger Hitze mit dem restlichen Olivenöl erhitzen, bis der Rucola leicht zusammenfällt. Nach Geschmack mit frisch geriebenem Parmesan anrichten und servieren.

 **Schnelle Kürbis-Salbei-Ravioli**

2 Packungen frische Ravioli mit Kürbisfüllung (à 250 g) nach Packungsangabe kochen. In der Zwischenzeit 4 EL Butter und 4 EL Olivenöl mit 2 gehackten Knoblauchzehen und 6 Salbeiblättern in einer großen Pfanne erhitzen. Ravioli abgießen und in die Pfanne geben. Würzen und vorsichtig vermischen. Mit 100 g frisch geriebenem Parmesan bestreuen und servieren.

 **Kürbis-Tomaten-Suppe mit Salbei**

Die gerösteten Kürbiswürfel aus dem Rezept oben mit 600 ml heißer Gemüsebrühe, 200 ml passierten Tomaten und 1 EL fein gehackten Salbeiblättern in einen Topf geben. Aufkochen und 12–15 Minuten köcheln lassen. Mit einem Stabmixer glatt pürieren, 100 g Crème double einrühren und mit knusprig-warmem Brot servieren.

# 30 Vegetarisches Phad Thai

**Für 4 Personen**
300 g flache Reisnudeln
je 3 EL Tamarindenpaste,
  helle Sojasauce, Palmzucker
4 EL Pflanzenöl
500 g Tofu, gewürfelt
3 Knoblauchzehen, fein gehackt
2 Schalotten, fein gehackt
300 g Asia-Pilze, in Scheiben
1–2 rote Chilischoten, entkernt
  und fein gehackt
2 große Eier, verrührt
1 Bd. Frühlingszwiebeln,
  in Scheiben geschnitten
1 Karotte, halbiert und in dünne
  Scheiben geschnitten
1 Handvoll Schnittlauch, gehackt
1 Bd. frischer Koriander, gehackt
100 g geröstete Erdnüsse mit Chili
2 Limetten, in Spalten geschnitten

- Vier tiefe Schalen vorwärmen. Reisnudeln in eine große Schüssel geben und mit warmem Wasser bedecken. 10–15 Minuten quellen lassen, bis die Nudeln weich sind, dann abgießen.
- Tamarindenpaste in etwas warmem Wasser auflösen. Sojasauce und Palmzucker zugeben, verrühren und abschmecken, sodass sich eine gute Aromamischung aus süß, salzig und sauer ergibt.
- 2 EL Öl in einem Wok erhitzen. Tofu 3–4 Minuten knusprig anbraten. Aus dem Wok nehmen, warm stellen.
- Das restliche Öl im Wok erhitzen. Knoblauch und Schalotten 30 Sekunden anbraten. Pilze und rote Chili zugeben und 2 Minuten braten, bis alles weich wird. Nudeln zugeben und 2 Minuten unter Rühren braten. Dann alles im Wok zur Seite schieben.
- Eier auf der freien Seite in den Wok geben, stocken lassen, verrühren und mit Nudeln mischen. Süßsaure Paste dazugießen. Frühlingszwiebeln, Karotte und Tofu in den Wok geben, alles kurz anbraten.
- Phad Thai auf die Schalen verteilen, mit gehackten Kräutern und Erdnüssen bestreuen und mit den Limettenspalten servieren.

## 1 Thai-Gemüsesalat

1 Karotte, 8 Frühlingszwiebeln, 1 Salatgurke in dünne Streifen schneiden, in eine Schüssel geben. 2 in dünne Scheiben geschnittene Schalotten und 300 g gewürfelten Tofu dazugeben. Den Saft von 2 Limetten, 4 EL Fischsauce, 3 EL helle Sojasauce, 4 EL süße Chilisauce und 1 zerdrückte Knoblauchzehe verrühren, über den Salat geben, würzen, mischen. Mit 100 g gehackten gerösteten Erdnüssen garniert servieren.

## 2 Vietnamesischer Nudelsalat mit Gemüse

5 Knoblauchzehen, 50 g frischen Koriander und 1 rote Chilischote fein hacken und in eine Schüssel geben. Den Saft von 1 Limette, 4 EL helle Sojasauce, 3 EL Fischsauce und 3 EL braunen Zucker dazugeben, alles gut verrühren und 5 Minuten ziehen lassen. Einen großen Topf Salzwasser zum Kochen bringen und 400 g dünne Reisnudeln 2 Minuten kochen. Gut abgießen und die Nudeln unter fließendem kalten Wasser abkühlen. Abtropfen und mit der Saucenmischung in eine große Servierschüssel geben. 2 in feine Streifen geschnittene Karotten, 1 geraspelte Salatgurke und 4 EL gehackte Minzeblätter dazugeben, gut vermengen und mit 100 g gehackten gerösteten Erdnüssen garniert servieren.

# Estragon-Cheddar-Omelett

**Für 4 Personen**

6 Eier
4 EL gehackter Estragon
100 g kräftiger Cheddar, gerieben
2 EL Butter
knackiger Salat und knuspriges Brot zum Servieren

- Ofen auf mittlere Grillstufe vorheizen. Eier trennen und die Eigelbe beiseitestellen. Eiweiße in einem sauberen Gefäß steif schlagen.
- Eigelbe mit dem Estragon und Cheddar in einer Schale verquirlen.
- Butter in einer großen Bratpfanne mit schwerem Boden erhitzen. Das steife Eiweiß vorsichtig unter die Eigelbmasse heben und alles in die Pfanne geben. 2–3 Minuten bei großer Hitze braten, dann vom Herd nehmen und im Ofen auf mittlerer Grillstufe 3–4 Minuten backen, bis die Oberfläche sich wölbt und goldgelb ist.
- Mit knusprigem Brot und einem knackigen Salat servieren.

---

### Nudel-Käse-Gratin mit Estragon

Ofen auf 220 °C vorheizen. 600 g gekochte Fusilli in eine leicht gefettete Auflaufform geben. 4 Eier, 4 EL fein gehackten Estragon, ¼ TL Cayennepfeffer, 2 TL Dijonsenf und 200 g geriebenen Cheddar verquirlen. Über die Nudeln geben und gut mischen. Mit 100 g frisch geriebenem Parmesan bestreuen und im Ofen 15 Minuten goldgelb backen, anschließend servieren.

### Käsesoufflé mit Estragon

Ofen mit Backblech auf 220 °C vorheizen. Vier Auflaufförmchen (à 300 ml) leicht einfetten und Innenseiten mit 100 g geriebenem Parmesan bestreuen. 50 g Butter in einer Pfanne zerlassen. 40 g Mehl, ½ TL Senfpulver und 1 kräftige Prise Cayennepfeffer einrühren. 2 Minuten anbraten, dann nach und nach unter ständigem Rühren 300 ml Milch zugießen und aufkochen lassen. 2 Minuten kochen lassen, bis die Sauce sehr dick ist. Vom Herd nehmen, 100 g geriebenen kräftigen Cheddar, 4 EL gehackten Estragon und 4 Eigelbe einrühren und würzen. 4 Eiweiße in einem sauberen Gefäß steif schlagen und mit einem Metalllöffel vorsichtig unter die Käsesauce heben. Dann die Masse bis zum Rand in die Auflaufförmchen füllen. Mit dem Finger am Innenrand der Förmchen entlang fahren, damit die Soufflés senkrecht aufgehen können. Auf das vorgeheizte Backblech setzen und 10–12 Minuten backen, bis die Soufflés aufgegangen und goldgelb sind. Mit knackigem Salat servieren.

# Ravioli mit Süßkartoffeln, Tomaten und Rucola

**Für 4 Personen**

50 g Butter
400 g Süßkartoffeln, geschält und in 1 cm große Würfel geschnitten
2 Knoblauchzehen, gehackt
1 kleine Handvoll frische Salbeiblätter, gehackt
abgeriebene Schale von 1 Zitrone
1 Spritzer Zitronensaft
200 g Kirschtomaten, halbiert
2 Packungen frische Ravioli mit Käsefüllung (à 250 g)
1 EL Olivenöl
Salz und frisch gemahlener schwarzer Pfeffer
100 g weicher Ziegenkäse, zerkrümelt, und 1 große Handvoll Rucola zum Servieren

- Die Hälfte der Butter in einer großen Pfanne erhitzen. Süßkartoffeln dazugeben, gut würzen und bei mittlerer Hitze 5–6 Minuten goldbraun braten.
- Knoblauch, Salbei und Zitronenschale zugeben und 1 Minute braten.
- Restliche Butter, Kirschtomaten und Zitronensaft zugeben und bei niedriger Hitze 1 Minute braten, bis die Kirschtomaten weich werden.
- Ravioli nach Packungsangabe kochen. Abgießen, mit etwas Olivenöl beträufeln und zu den Süßkartoffeln und Tomaten in die Pfanne geben. Vorsichtig vermengen.
- Ravioli auf vier tiefe Teller verteilen, Ziegenkäse darüberkrümeln, mit Rucola bestreuen, schwarzen Pfeffer darübermahlen und servieren.

---

### Rucola-Tomaten-Salat mit Ravioli

2 Packungen frische Ravioli mit Käsefüllung (à 250 g) nach Packungsangabe kochen, abgießen und unter fließendem kalten Wasser abkühlen. Abtropfen und mit 1 großen Handvoll Rucola, 100 g zerkrümeltem Ziegenkäse und 200 g halbierten Kirschtomaten in eine Schüssel geben. 6 EL Olivenöl mit 1 zerdrückten Knoblauchzehe und dem Saft von 1 Zitrone verquirlen, würzen und über den Salat geben. Vor dem Servieren gut vermengen.

###  Ravioli-Süßkartoffel-Auflauf mit Kirschtomaten und Zitrone

Ofen auf 200 °C vorheizen. 2 Packungen frische Ravioli mit Käsefüllung (à 250 g) nach Packungsangabe kochen, abgießen und in eine mittelgroße, gefettete Auflaufform geben. 300 g halbierte Kirschtomaten und 200 g klein gewürfelte Süßkartoffeln dazugeben. 3 Eier, 300 g Crème double, 2 EL geriebene Zitronenschale, eine zerdrückte Knoblauchzehe, 2 TL fein gehackte Salbeiblätter und 100 g zerkrümelten weichen Ziegenkäse in einer Schale verrühren. Über die Raviolimischung geben, Auflauf in den Ofen stellen und 20 Minuten backen, bis die Oberfläche goldgelb ist und die Sauce köchelt. Mit Rucolasalat servieren.

# Frittierter Halloumi im Bierteig

**Für 4 Personen**
250 g Mehl
1 Eigelb
1 Eiweiß
300 ml eiskaltes Bier (Pilsener)
125 ml eiskaltes Wasser
Pflanzenöl zum Frittieren
500 g Halloumi
Rucola und Zitronenspalten zum Servieren

- Mehl in eine große Schüssel sieben und Eigelb dazugeben. Nach und nach das eiskalte Bier einrühren, dann das Wasser. Alles gut verquirlen.
- Eiweiß in einem sauberen Gefäß zu steifem Eischnee schlagen und unter die Mehl-Ei-Biermischung heben.
- Fritteuse oder tiefe Pfanne zu zwei Drittel mit Öl füllen. Das Öl auf 180 °C erhitzen. Es ist heiß genug, wenn ein Brotwürfelchen darin in 10–15 Sekunden goldbraun wird.
- Halloumi in 1 cm dicke Scheiben schneiden. Die Scheiben in den Bierteig tauchen und nach und nach 3–4 Minuten knusprig goldbraun frittieren. Mit einem Schaumlöffel vorsichtig aus dem Öl heben, würzen und auf Rucola angerichtet mit Zitronenspalten servieren.

---

**1 Paprika-Halloumi-Spieße** Ofengrill vorheizen. Je 2 rote Paprika, gelbe Paprika und rote Zwiebeln sowie 300 g Halloumi in mundgerechte Stücke schneiden und in eine große Schüssel geben. 2 zerdrückte Knoblauchzehen, 8 EL Olivenöl, 2 EL getrockneten Thymian sowie den Saft und die fein geriebene Schale von 1 Zitrone verrühren. Die Sauce über Gemüse und Halloumi geben und gut vermengen. Gemüse und Halloumi im Wechsel auf 12 Metallspieße spießen. Würzen, im Ofengrill von jeder Seite 4–5 Minuten braten und servieren.

**3 Gegrillter Halloumi mit gegrillten Paprika** 250 g Halloumi in 2,5 cm lange und 1 mm dünne Streifen schneiden. Eine Grillpfanne bei mittlerer Hitze erhitzen. ½ TL gemahlenen Gewürzsumach, 3 TL fein geriebene Zitronenschale und 3 EL Olivenöl in einer großen Schüssel verrühren. Den Halloumi in der Öl-Gewürz-Mischung wenden und würzen. 2 Auberginen längs in Scheiben schneiden und mit Olivenöl bestreichen. Von beiden Seiten 2–3 Minuten in der Grillpfanne braten, bis die Scheiben leicht gebräunt sind. In eine große Schüssel oder flache Schale geben. Halloumi in der Grillpfanne von beiden Seiten 2–3 Minuten goldbraun braten. 200 g eingelegte gegrillte Paprika aus dem Glas, abgegossen, grob hacken und mit den Auberginenscheiben vermischen. Gemüse auf vier Tellern anrichten und den Halloumi darüberlegen. Den Saft von 1 Zitrone und 3 EL Olivenöl verquirlen, würzen und über den Salat geben. Mit je 2 EL gehackter glatter Petersilie und Minze garnieren und servieren.

# Malaiischer Kokos-Gemüse-Eintopf

**Für 4 Personen**

1 EL Pflanzenöl
1 mittelgroße Zwiebel, in dünne Scheiben geschnitten
6 EL Laksa-Würzpaste (aus dem Asia-Laden)
800 ml Kokosmilch aus der Dose
1 TL Salz
200 g Kartoffeln, geschält und in 1,5 cm große Würfel geschnitten
250 g Karotten, geschält und in 1,5 cm große Würfel geschnitten
100 g junge grüne Bohnen, geputzt und halbiert
150 g Blumenkohlröschen
300 g Butternut-Kürbis, geschält, entkernt und in 1,5 cm große Würfel geschnitten
50 g Cashewnüsse
50 g Bohnensprossen
4 Frühlingszwiebeln, geputzt und schräg in Scheiben geschnitten
1 Handvoll süße Thai-Basilikum-Blätter oder frischer Koriander

- Öl in einer großen Pfanne bei mittlerer Hitze erwärmen. Zwiebeln und Gewürzpaste zugeben und 2–3 Minuten vorsichtig anbraten, bis sich das Aroma zu entfalten beginnt.

- Kokosmilch, 300 ml Wasser und Salz dazugeben und zum Kochen bringen.

- Kartoffeln und Karotten dazugeben und 10 Minuten kochen lassen. Dann grüne Bohnen, Blumenkohlröschen und Kürbis zugeben und weitere 7 Minuten kochen.

- Cashewnüsse zugeben und 3 Minuten köcheln, bis das Gemüse bissfest gar ist.

- Bohnensprossen, Frühlingszwiebeln und Thai-Basilikum oder Koriander einrühren. 1 Minute köcheln lassen, dann servieren.

---

 **Schnelle asiatische Kokossuppe**

1 EL Pflanzenöl in einem großen Wok erhitzen. 6 gehackte Frühlingszwiebeln, 1 EL Laksa-Würzpaste, 400 ml Kokosmilch aus der Dose, 400 ml Gemüsebrühe und 300 g TK-Mischgemüse zugeben. Aufkochen und bei großer Hitze 4–5 Minuten kochen. Abschmecken und servieren.

 **Scharfe Nudeln mit Gemüse und Kokos**

1 EL Pflanzenöl in einem großen Wok oder der Bratpfanne erhitzen. 6 in Scheiben geschnittene Frühlingszwiebeln, 2 Knoblauchzehen, und je 200 g fein geraspelte Karotten, Zuckerschoten und gehackte rote Paprika zugeben. 4–5 Minuten unter Rühren anbraten. In der Zwischenzeit 400 g Reisnudeln nach Packungsangabe quellen lassen und abtropfen. 1 EL Laksa-Würzpaste zum Gemüse geben und 3–4 Minuten unter Rühren braten. 200 ml Kokosmilch und die abgetropften Reisnudeln zum Gemüse geben, 2–3 Minuten unter Rühren braten, würzen und servieren.

# 30 Nasi Goreng

**Für 4 Personen**

*Für die Würzpaste*
2 EL Pflanzenöl
4 Knoblauchzehen, grob gehackt
50 g Schalotten, grob gehackt
25 g geröstete, gesalzene Erdnüsse
6 mittelscharfe rote Chilischoten, entkernt und grob gehackt
1 TL Salz

2 große Eier
3 EL Sonnenblumenöl
1 EL Tomatenmark
1 EL Ketjap Manis
650 g gekochter Reis
1 EL helle Sojasauce
5 cm Salatgurke, längs geviertelt, in Scheiben
Salz und frisch gemahlener schwarzer Pfeffer
8 Frühlingszwiebeln, schräg in Scheiben geschnitten

- Eine große Schale vorwärmen. Alle Zutaten für die Würzpaste in einen kleinen Mixer geben und zu einer glatten Paste pürieren. Alternativ mit dem Mörser arbeiten. Eier verquirlen und würzen.

- Etwas Sonnenblumenöl in einer kleinen Pfanne bei mittlerer Hitze erwärmen. Ein Drittel der Eimasse in die Pfanne gießen und braten, bis die Oberfläche fest wird. Mischen, einige Sekunden von der anderen Seite braten, dann aus der Pfanne nehmen und fest aufrollen. Mit dem restlichen Ei ebenso verfahren. Die Omelettrollen in feine Streifen schneiden.

- Einen Wok bei großer Hitze dampfend heiß erhitzen. Vorsichtig 2 EL Öl und die Würzpaste in den Wok geben und 1–2 Minuten unter Rühren anbraten.

- Tomatenmark und Ketjap Manis in den Wok geben und einige Sekunden erhitzen, den gekochten Reis zugeben und bei großer Hitze 2 Minuten braten, bis alles heiß ist. Dabei ständig rühren.

- Omelettstreifen zugeben, eine Minute unter Rühren braten, dann Sojasauce, Gurke und den Großteil der Frühlingszwiebeln zugeben. Alles gut vermischen. Das Nasi Goreng in die Schale geben, mit den übrigen Frühlingszwiebeln bestreuen und servieren.

 **Schnelle, scharfe Reissuppe**
Vier Suppenschalen vorwärmen. 400 g gekochten Reis mit 200 ml Kokosmilch, 600 ml heißer Gemüsebrühe, 2 EL Tomatenmark und 1 EL mildem Currypulver in einen Topf geben. Zum Kochen bringen und 4–5 Minuten kochen. Vom Herd nehmen und 6 fein gehackte Frühlingszwiebeln und 5 cm fein geraspelte Salatgurke einrühren. Würzen und in den Schalen servieren.

 **Pikanter indonesischer Reiseierkuchen** Ofengrill vorheizen. 2 EL Öl in einer großen beschichteten Pfanne erhitzen. 6 Eier in einer großen Schüssel verquirlen und 3 EL Tomatenmark, 1 EL Currypaste, 6 in dünne Scheiben geschnittene Frühlingszwiebeln, 1 EL Ketjap Manis (süße Sojasauce), 6 EL fein gehackten frischen Koriander und 1 fein gehackte Chilischote einrühren. 400 g gekochten Reis zugeben und gut vermischen. Reis-Ei-Masse in die Pfanne geben und bei mittlerer Hitze 8–10 Minuten braten, bis die Unterseite fest und goldgelb ist. Dann die Pfanne in den Ofen stellen und bei mittlerer Grillstufe 3–4 Minuten backen, bis die Oberseite fest und goldgelb ist. Aus dem Ofen nehmen und servieren.

# Blätterteigtarte mit Pesto und Antipasti

**Für 4 Personen**

400 g Blätterteig aus dem Kühlregal
3 EL Pesto aus dem Glas
300 g rote und gelbe Kirschtomaten, halbiert
150 g gemischte eingelegte Antipasti aus dem Glas, z. B. Artischocken, gegrillte Paprika, Champignons, Auberginen, abgegossen
100 g weicher Ziegenkäse, zerkrümelt
Basilikumblätter zum Garnieren

- Ofen auf 200 °C vorheizen.

- Blätterteig ausrollen, auf ein Backblech legen, den Rand 2,5 cm hoch aufstellen und den Boden in regelmäßigen Abständen mit einer Gabel einstechen.

- Mit dem Pesto bestreichen, mit den Tomaten und den gemischten Antipasti belegen und den Ziegenkäse darüberkrümeln. 15–20 Minuten backen.

- Mit den Basilikumblättern bestreuen und servieren.

 **Spaghetti mit Pesto und Kirschtomaten**

400 g Spaghetti nach Packungsangabe kochen. In der Zwischenzeit 500 g gelbe und rote Kirschtomaten halbieren und mit 1 Handvoll Basilikum in eine große Schüssel geben. Nudeln abgießen und mit 8 EL Pesto aus dem Glas zu den Nudeln geben. 50 g geröstete Pinienkerne dazugeben, gut durchmischen, salzen, pfeffern und servieren.

 **Nudelsalat mit Pesto und Antipasti**

300 g Rigatoni oder Penne nach Packungsangabe kochen. In der Zwischenzeit Pesto zubereiten. Dazu 50 g Basilikumblätter, 25 g geröstete Pinienkerne, 50 g frisch geriebenen Parmesan, 1 zerdrückte Knoblauchzehe und 100 ml Olivenöl in einem Mixer fast glatt rühren. Mit frisch gemahlenem schwarzen Pfeffer abschmecken und 300 g halbierten Kirschtomaten sowie 200 g gemischten Antipasti aus dem Glas, abgegossen, in eine Schüssel geben. Nudeln abgießen, ebenfalls dazugeben, gut durchmischen und lauwarm servieren.

# Blitz-Ratatouille

**Für 4 Personen**

100 ml Olivenöl
2 Zwiebeln, gehackt
1 Aubergine, in 1,5 cm große Würfel geschnitten
1 rote Paprika, entkernt und in 1,5 cm große Stücke geschnitten
1 gelbe Paprika, entkernt und in 1,5 cm große Stücke geschnitten
2 Knoblauchzehen, zerdrückt
400 g gehackte Tomaten aus der Dose
2–3 EL Balsamicoessig
1 TL weicher brauner Zucker
10–12 schwarze Oliven ohne Stein
Salz und frisch gemahlener schwarzer Pfeffer
Basilikumblätter zum Garnieren

- Öl in einer großen Pfanne stark erhitzen. Das Gemüse, bis auf die Tomaten, hineingeben und einige Minuten unter Rühren anbraten.

- Tomaten, Balsamicoessig und Zucker zugeben, würzen und gut umrühren. Fest zudecken und 15 Minuten köcheln lassen, bis das Gemüse gar ist.

- Vom Herd nehmen, Oliven und Basilikumblätter über das Ratatouille streuen und servieren.

### 1 · Dicke Gemüsesuppe

Vier Suppenteller oder -schalen vorwärmen. Das fertige Ratatouille aus dem Rezept oben mit 300 ml heißer Gemüsebrühe fast glatt pürieren. Auf die Teller verteilen und mit Basilikumblättern garniert servieren.

### 2 · Gegrilltes Gemüse

Grillpfanne bei großer Hitze erhitzen. 2 Auberginen und 2 große Zucchini längs in dünne Scheiben schneiden. Mit Olivenöl bestreichen, in die heiße Pfanne geben und von beiden Seiten 2–3 Minuten braten. Auf eine Servierplatte legen. 300 g eingelegte gegrillte Paprika aus dem Glas, abgegossen und in Scheiben geschnitten, sowie 2 fein gehackte Tomaten und 100 g schwarze Oliven ohne Stein zum gebratenen Gemüse geben. 8 EL Olivenöl, 3 EL Balsamico, 1 TL fein gehackten Rosmarin, 1 zerdrückte Knoblauchzehe und 1 TL braunen Zucker verrühren, würzen und über das Gemüse gießen. Gut vermischen und mit Basilikumblättern garniert servieren.

# Couscoussalat mit gegrilltem Gemüse

**Für 4 Personen**

1 rote Paprika, entkernt und in 2,5 cm große Stücke geschnitten
1 gelbe Paprika, entkernt und in 2,5 cm große Stücke geschnitten
1 Zucchini, in 2,5 cm große Würfel geschnitten
2 kleine rote Zwiebeln, geschält und in dicke Stücke geschnitten
Olivenöl zum Beträufeln
200 g Couscous
6–8 eingelegte Zitronen, halbiert
1 große Handvoll Koriander- und Minzeblätter, gehackt
150 g Feta, zerkrümelt
50 g Pinienkerne, geröstet
100 g Granatapfelkerne

*Für das Dressing*
Saft von 1 Orange
5 EL Olivenöl
1 TL gemahlener Kreuzkümmel
½ TL Zimt
Salz und frisch gemahlener schwarzer Pfeffer

- Ofen auf 200 °C vorheizen. Gemüse auf ein großes beschichtetes (oder mit Backpapier ausgelegtes) Backblech legen. Mit etwas Olivenöl beträufeln und gut würzen. Im Backofen 15–20 Minuten rösten, bis die Kanten der Gemüsestückchen dunkel werden.

- In der Zwischenzeit den Couscous in eine große Schüssel geben und mit kochendem Wasser übergießen, bis er gerade bedeckt ist. Gut würzen, mit Frischhaltefolie abdecken und 10 Minuten quellen lassen, bis die gesamte Flüssigkeit aufgesogen ist. Dann mit einer Gabel auflockern und in eine große, flache Servierschale geben.

- Für das Dressing Orangensaft, Olivenöl, Kreuzkümmel und Zimtpulver verrühren und gut würzen.

- Das geröstete Gemüse, die eingelegten Zitronen und die Kräuter unter den Couscous heben, das Dressing darübergeben und alles gut vermischen.

- Kurz vor dem Servieren mit Feta, Pinienkernen und Granatapfelkernen bestreuen.

---

 **Couscous mit Zitrone und Kräutern**

500 g gequollenen Couscous in eine Schüssel geben. 8 EL gehackte Minze, 8 EL gehackten Koriander, 6 in Scheiben geschnittene Frühlingszwiebeln und 6 gehackte eingelegte Zitronen dazugeben. Würzen, gut vermischen, mit gerösteten Pinienkernen servieren.

 **Taboulé mit gegrilltem Gemüse**

Gemüse wie im Rezept oben rösten. In der Zwischenzeit 200 g feinen Bulgur in eine Schüssel geben und mit heißer Gemüsebrühe übergießen, bis er gerade bedeckt ist. Zugedeckt 15 Minuten quellen lassen, bis der Bulgur weich ist. 2 fein gehackte Knoblauchzehen, 6 EL Olivenöl, je 1 Handvoll gehackte glatte Petersilie und gehackte Minze sowie das geröstete Gemüse mit dem Garsud dazugeben. Würzen, gut vermischen und servieren.

# Scharfe Szechuan-Pfanne mit Tofu und Gemüse

**Für 4 Personen**

- 4 EL Pflanzenöl
- 6 Frühlingszwiebeln, in dünne Scheiben geschnitten
- 2 rote Chilischoten, in dünne Scheiben geschnitten
- 2,5 cm Ingwer, geschält und fein gehackt
- 4 Knoblauchzehen, in dünne Scheiben geschnitten
- 1 TL Szechuanpfeffer, zerdrückt
- 1 Prise Salz
- 250 g fester Tofu, in 2,5 cm große Würfel geschnitten
- 200 g Zuckerschoten, halbiert
- 150 g Baby-Maiskolben, längs halbiert
- 250 g Pak Choi (Senfkohl), gehackt
- 300 g Bohnensprossen
- je 2 EL helle Sojasauce und Reiswein
- Sesamöl zum Beträufeln
- gekochter Reis zum Servieren

- 2 EL Pflanzenöl in einem großen Wok oder einer tiefen Pfanne erhitzen. Frühlingszwiebeln, Chili, Ingwer, Knoblauch, Szechuanpfeffer und 1 Prise Salz zugeben und 1 Minute anbraten. Tofu dazugeben und 2 Minuten unter Rühren anbraten. Alles auf einen Teller geben und beiseitestellen.

- Das übrige Pflanzenöl erhitzen und Zuckerschoten, Mais, Pak Choi und Bohnensprossen einige Minuten unter Rühren anbraten, bis alles weich wird. Dann Sojasauce und Reiswein zugeben.

- Tofu-Mischung zurück in den Topf geben und alles gut durchmischen.

- Mit Sesamöl beträufeln und mit gekochtem Reis servieren.

---

### Tofupfanne nach Szechuan-Art

Ofengrill vorheizen. 500 g festen Tofu würfeln, im Ofen 2–3 Minuten goldbraun rösten. In der Zwischenzeit 2 EL Pflanzenöl im Wok erhitzen. 600 g küchenfertiges Mischgemüse zugeben und 3–4 Minuten unter Rühren anbraten. 1 Packung Woksauce Szechuan-Art (150 g) einrühren und weitere 1–2 Minuten unter Rühren braten. Tofu zum Gemüse geben, gut durchmischen und servieren.

### Reisnudel-Tofu-Salat mit Szechuanpfeffer

4 EL helle Sojasauce, 3 EL süße Chilisauce, Saft und fein geriebene Schale von 1 Zitrone, 2 rote Chilischoten, gehackt, 2 TL Szechuanpfeffer (ganze Körner) und 2 EL Wasser in einer großen Schüssel verrühren. 500 g feste Tofuwürfel hineingeben und mindestens 20 Minuten marinieren. In der Zwischenzeit 200 g dünne Reisnudeln in eine Schüssel geben, mit kochendem Wasser bedecken und 5 Minuten quellen lassen. Abgießen und unter fließendem kalten Wasser abkühlen. 100 g Zuckerschoten, 100 g Radieschen und 1 Zwiebel in dünne Scheiben schneiden und mit den abgekühlten Nudeln sowie 1 EL gerösteten Sesamsamen vermischen. Tofu mitsamt Marinade vorsichtig untermischen und alles auf vier Schalen verteilen. Mit gehacktem Koriander bestreuen und servieren.

# Herbstliche marokkanische Gemüse-Tajine

**Für 4 Personen**

2 EL Olivenöl
1 Zwiebel, halbiert und in dicke Scheiben geschnitten
3 Knoblauchzehen, fein gehackt
1 TL fein geriebener frischer Ingwer
1 TL Zimtpulver
1 Prise Safranfäden
2 TL gemahlener Kreuzkümmel
4 TL Harissa (Würzpaste)
4 EL Tomatenmark
3 EL flüssiger Honig
900 g gemischtes Herbstgemüse, z. B. Kürbis, Pastinaken, geschält und gewürfelt
750 ml Gemüsebrühe
Salz und frisch gemahlener schwarzer Pfeffer
Couscous zum Servieren
gehackter Koriander zum Garnieren

- Öl in einer großen beschichteten Pfanne erhitzen. Zwiebeln und Knoblauch 1–2 Minuten glasig anbraten.
- Ingwer, Zimt, Safran, gemahlenen Kreuzkümmel, Harissa, Tomatenmark, Honig, Gemüse und Gemüsebrühe zugeben und zum Kochen bringen.
- Würzen, zudecken und 20 Minuten bedeckt köcheln lassen, bis das Gemüse gut gar ist.
- Mit Koriander garnieren und mit Couscous servieren.

---

### Marokkanischer Couscous

400 g Couscous, 2 TL Harissa, 1 TL gemahlenen Kreuzkümmel, 1 TL Zimtpulver, 1 große Prise Safran, ½ gehackte Zwiebel, 3 EL Tomatenmark, 200 g gehackte Tomaten und 1 EL flüssigen Honig in eine Schüssel geben. Mit heißer Gemüsebrühe übergießen, bis der Couscous bedeckt ist. Würzen, umrühren, abdecken und 8 Minuten quellen lassen, bis die Flüssigkeit vollständig aufgesogen ist. Auflockern, 4 EL gehackten frischen Koriander dazugeben und servieren.

###  Marokkanische Gemüsesauce

**mit Wurzelgemüse** 2 EL Olivenöl in einer Pfanne erhitzen. 1 gehackte Zwiebel, 2 zerdrückte Knoblauchzehen, 1 TL geriebenen frischen Ingwer, 1 TL gemahlenen Kreuzkümmel und 1 TL Zimtpulver dazugeben und 1–2 Minuten unter Rühren anbraten. 400 g gehackte Tomaten aus der Dose, 2 TL Harissa und 200 ml heiße Gemüsebrühe zugeben. 600 g klein gewürfeltes Gemüse der Saison (z. B. Kürbis, Süßkartoffeln und/oder Steckrüben) einrühren und aufkochen. Offen 15 Minuten kochen lassen, bis das Gemüse gar ist. Würzen und mit Nudeln servieren.

# Sautierte Auberginen mit Harissa

**Für 4 Personen**

750 g Baby-Auberginen
4 EL Sonnenblumenöl
4 Tomaten, gehackt
1 TL Zimtpulver
1 TL fein gehackter frischer Koriander
2 EL Harissa (Würzpaste)
Salz und frisch gemahlener schwarzer Pfeffer
gekochter Basmatireis zum Servieren

- Auberginen in dünne Scheiben schneiden.
- Öl in einer großen Pfanne erhitzen und Auberginen hineingeben.
- Bei großer Hitze 2–3 Minuten anbraten, dabei ständig rühren. Dann Tomaten, Zimt, Koriander und Harissa in die Pfanne geben. 3–4 Minuten unter Rühren braten, bis die Auberginen gar sind.
- Abschmecken und mit gekochtem Basmatireis servieren.

## Knusprige marokkanische Auberginenpuffer mit Harissa

750 g Auberginen in dünne Stifte schneiden und in eine Schüssel geben. 2 EL Harissa, 1 TL Kurkuma, 1 TL zerdrückte Koriandersamen und etwas Salz dazugeben und gut vermischen. Nach und nach 250 g Kichererbsenmehl einstreuen, dabei immer wieder rühren, damit die Auberginen gut eingemehlt sind. Nach und nach kaltes Wasser dazugeben, bis ein klebriger Teig entsteht. Einen tiefen Topf ein Viertel mit Sonnenblumenöl füllen und auf 180 °C erhitzen. Den Auberginenteig löffelweise im heißen Öl goldbraun frittieren, mit einem Schaumlöffel vorsichtig herausheben und auf Küchenpapier abtropfen lassen. Mit einem Dip aus Joghurt und frischer Minze servieren.

## Geschmorte Baby-Auberginen mit Honig und Harissa

1 EL fein geriebenen frischen Ingwer, 2 EL fein geriebenen Knoblauch und 200 g gehackte Tomaten aus der Dose in einem Mixer glatt pürieren. 100 ml Sonnenblumenöl in einer großen Pfanne mit schwerem Boden erhitzen. 600 g halbierte Baby-Auberginen nach und nach 6–8 Minuten bei mittlerer Hitze von beiden Seiten goldbraun braten. Nur so viele Auberginen gleichzeitig braten, dass der Pfannenboden gerade bedeckt ist. Mit einem Schaumlöffel auf Küchenpapier legen und abtropfen lassen. Öl in der Pfanne erneut erhitzen. 1 TL gemahlenen Kreuzkümmel, 2 TL Fenchelsamen und 2 TL Schwarzkümmelsamen dazugeben und 1–2 Minuten unter Rühren anbraten. Tomatenmischung aus dem Mixer in die Pfanne geben und 2–3 Minuten unter Rühren erhitzen. Die restlichen Tomaten aus der Dose dazugeben, dazu 1 TL Zimtpulver, 1 TL gemahlene Koriandersamen und 1 EL Harissa, mit 1 TL Rosenwasser verrührt. Gut würzen und bei mittlerer Hitze 10 Minuten kochen, dabei immer wieder rühren, bis die Sauce glatt und dickflüssig ist. 1 EL flüssigen Honig einrühren, die Auberginen in die Sauce geben und vorsichtig vermengen. Zudecken und 3–4 Minuten köcheln lassen. Vom Herd nehmen, mit 2 EL gerösteten Pinienkernen und 6 EL gehacktem frischen Koriander bestreuen und zu Couscous oder Reis servieren.

# Soufflé mit Brokkoli und Blauschimmelkäse

**Für 4 Personen**
50 g Butter zzgl. etwas zum Einfetten
1 Handvoll frische helle Semmelbrösel
250 g Brokkoliröschen
40 g Mehl
300 ml Milch
1 TL geräuchertes Paprikapulver
frisch geriebene Muskatnuss
4 Eigelb
100 g cremig-weicher
   Blauschimmelkäse, zerkrümelt
4 Eiweiß
Salz und frisch gemahlener
   schwarzer Pfeffer

- Ofen mit Backblech auf 200 °C vorheizen. Vier Auflaufförmchen mit weicher Butter einfetten und die Innenseiten mit Semmelbröseln ausstreuen.

- Brokkoli in kochendem Wasser fast gar dünsten, dann abgießen und in einem Mixer glatt pürieren.

- Butter in einer Pfanne zerlassen, Mehl dazugeben und 2 Minuten anbraten. Nach und nach die Milch einrühren, dabei ständig rühren. Aufkochen und 2 Minuten sehr dick einkochen.

- Vom Herd nehmen. Gewürze und Eigelbe einrühren. Gut würzen, dann das Brokkolipüree und den zerkrümelten Käse dazugeben und alles gut verrühren.

- Eiweiße in einem sauberen Gefäß zu Eischnee schlagen. Mit einem Metalllöffel vorsichtig unter die Brokkoli-Käse-Masse heben.

- Die Masse fast randvoll in die Auflaufförmchen gießen. Mit dem Finger am Innenrand entlang streichen, damit das Soufflé senkrecht aufgehen kann. Auflaufförmchen auf das vorgeheizte Backblech stellen, bei 200 °C 8–10 Minuten backen, bis die Soufflés aufgegangen sind, und servieren.

**Cremige Brokkolisuppe mit Blauschimmelkäse** Vier Suppenteller vorwärmen. 600 g frische Gemüsesuppe aus dem Kühlregal mit 400 g fein gehackten Brokkoliröschen in einen Topf geben, aufkochen und ohne Deckel 5–6 Minuten köcheln lassen. Mit einem Stabmixer fast glatt pürieren. 200 g Crème double und 100 g zerkrümelten weichen Blauschimmelkäse einrühren. Würzen, auf Teller verteilen und mit knusprigem Brot servieren.

**Nudeln mit gebratenem Brokkoli und Blauschimmelkäse** 400 g Penne nach Packungsangabe kochen. Grillpfanne bei großer Hitze erhitzen. In der Zwischenzeit 500 g Brokkoliröschen in kochendem Wasser 3–4 Minuten blanchieren. Gründlich abgießen, mit 4 EL Olivenöl vermischen und in der heißen Grillpfanne 3–4 Minuten bissfest gar braten. Nudeln abgießen und zusammen mit dem Brokkoli zurück in den Topf geben. 100 g weichen Blauschimmelkäse darüberkrümeln und 200 g Frischkäse einrühren. Gut mischen und abschmecken, mit 50 g gehackten und gerösteten Walnüssen bestreuen und mit Rucolasalat servieren.

# Pfannkuchen mit Frühlingszwiebeln, Dill und Schnittlauch

**Für 4 Personen**

175 g Mehl
1 TL Backpulver
2 große Eier
150 ml Milch
50 g Butter, zerlassen
2 EL sehr fein gehackter Dill
    zzgl. etwas zum Garnieren
2 EL sehr fein gehackter Schnittlauch
    zzgl. etwas zum Garnieren
4 Frühlingszwiebeln, fein gehackt
Pflanzenöl zum Braten
Salz und frisch gemahlener
    schwarzer Pfeffer
200 g Frischkäse, mit dem Saft von
    1 Zitrone verrührt
2 Flaschentomaten, fein gehackt

- Mehl, Backpulver und 1 Prise Salz vermischen und in eine Schüssel sieben. Eier, Milch, Butter, Kräuter und Frühlingszwiebeln in einer zweiten Schüssel verquirlen.

- Eimasse zum Mehl geben und alles zu einem glatten, dickflüssigen Teig verarbeiten.

- Etwas Pflanzenöl in einer großen beschichteten Pfanne erhitzen. Ein Achtel des Teigs hineingeben und 1–2 Minuten braten, bis die Oberfläche Blasen bildet. Vorsichtig mischen und von der anderen Seite 1–2 Minuten braten, sodass beide Seiten goldbraun sind. Aus der Pfanne nehmen und warm stellen. Auf diese Weise insgesamt 8 Pfannkuchen backen.

- Pfannkuchen auf vier Teller verteilen und mit einem Klecks Frischkäse-Zitronen-Mischung anrichten. Gehackte Tomaten darübergeben, mit gehackten Kräutern bestreuen, schwarzen Pfeffer darübermahlen und servieren.

## Schnittlauch-Dill-Rührei mit Frischkäse

6 Eier mit 200 g Frischkäse verquirlen. 1 kleine Handvoll gehackten Schnittlauch und 1 kleine Handvoll gehackten Dill zugeben und verrühren. 2 EL Butter in einer großen Pfanne erhitzen und die Eimasse hineingeben. Unter Rühren braten, bis die Eier gestockt sind. Würzen und mit warmem, gebuttertem Toast servieren.

##  Orientalische Frühlingszwiebelsuppe mit Kräutern

Weiße und grüne Teile von 750 g Frühlingszwiebeln in 2,5 cm lange Stücke schneiden und getrennt halten. 50 g Butter in einem Topf zerlassen. 50 ml Olivenöl, die weißen Frühlingszwiebelstücke und 6 halbierte Knoblauchzehen dazugeben. Würzen und bei mittlerer Hitze 4–5 Minuten anbraten, bis das Gemüse weich wird, dabei ständig rühren. Grüne Frühlingszwiebelstücke und 3 Lorbeerblätter dazugeben und 10 Minuten unter Rühren braten. 300 g Erbsen und 1 gewürfelte Zucchini dazugeben und weitere 5 Minuten unter Rühren braten. Die Hälfte des Gemüses aus dem Topf nehmen, beiseitestellen. 1 l Gemüsebrühe in den Topf geben, aufkochen und 3 Minuten köcheln lassen. Lorbeerblätter herausnehmen. Je 1 kleine Handvoll Dill und Schnittlauch, gehackt, zugeben und Suppe mit einem Stabmixer pürieren. Das restliche Gemüse zurück in den Topf geben, bei geringer Hitze erwärmen und 200 g Frischkäse einrühren. Auf vier Suppenteller verteilen und servieren.

# Gebratener Spargel mit Kaperndressing und Enteneiern

**Für 4 Personen**

600 g grüner Spargel
200 g mittelgroße Rispentomaten
2 EL Olivenöl zzgl. etwas zum Beträufeln
4 Enteneier
4 Scheiben Bauernbrot, getoastet
Salz und frisch gemahlener schwarzer Pfeffer

*Für das Dressing*
2 EL Kapern, abgegossen und gewaschen
6 EL Olivenöl
2 EL Rotweinessig
1 TL Dijonsenf
1 Knoblauchzehe, zerdrückt
2 TL rosa Pfefferkörner, zerdrückt

- Ofen auf 200 °C vorheizen.
- Spargel 1–2 Minuten blanchieren und abgießen.
- Tomaten auf ein mit Backpapier ausgelegtes Backblech legen, mit etwas Olivenöl beträufeln, würzen und 10–12 Minuten im Ofen garen.
- In der Zwischenzeit eine Grillpfanne bei großer Hitze dampfend heiß erwärmen. Den Spargel mit dem Olivenöl vermischen und 4 Minuten in der Grillpfanne braten, dabei einmal mischen. Aus der Pfanne nehmen und auf vier Teller verteilen.
- Eier in einer Bratpfanne nach Geschmack braten. 1 Scheibe Brot auf jeden Teller legen und die Eier auf die Brotscheiben geben.
- Für das Dressing alle Zutaten verrühren, würzen und über Spargel und Eier geben. Mit den gegrillten Tomaten anrichten, mit etwas Öl beträufeln und servieren.

---

 **Grüner Salat mit Spargel und Enteneiern** 600 g grüne Spargelspitzen in leicht gesalzenem Wasser 3 Minuten blanchieren. Abgießen und auf eine Servierplatte legen. 300 g mittelgroße Tomaten, halbiert oder geviertelt, 2 hart gekochte Enteneier, gepellt und in Viertel geschnitten, sowie die Blätter von 2 Römersalaten zu den Spargeln geben. Für das Dressing 6 EL Olivenöl, 2 EL Rotweinessig, 1 TL Dijonsenf und 1 zerdrückte Knoblauchzehe verquirlen und gut würzen. Über den Salat geben, gut mischen, servieren.

 **Spanische Tortilla mit Spargel und Rispentomaten** Ofen auf mittlere Grillstufe vorheizen. 600 g grüne Spargelspitzen längs halbieren. 6 Eier, 100 g geriebenen Parmesan und 2 EL gehackten Basilikum in eine Schüssel geben, mit einer Gabel verquirlen und gut würzen. 4 EL Olivenöl in einer großen Pfanne bei großer Hitze erwärmen. 2 gehackte Knoblauchzehen, 6 gehackte mittelgroße Rispentomaten und den Spargel in die Pfanne geben, vermischen und 2 Minuten anbraten, bis der Knoblauch dunkel wird. Eimasse in die Pfanne geben und durch Rühren gut verteilen. Sobald das Ei am Rand stockt, Pfanne vom Herd nehmen und im Ofen 3–4 Minuten backen, bis die Oberfläche goldgelb und gewölbt ist. Mit einem gemischten Salat servieren.

# Kräuter-Zitronen-Risotto

**Für 4 Personen**
1 EL Olivenöl
3 Schalotten, fein gehackt
2 Knoblauchzehen, fein gehackt
2 Selleriestangen, fein gehackt
1 Zucchini, fein gehackt
1 Karotte, geschält und fein gehackt
300 g Arborio-Reis
1,2 l Gemüsebrühe
1 große Handvoll frische gemischte Kräuter (Estragon, Petersilie, Schnittlauch, Dill)
1 EL Butter
1 EL fein geriebene Zitronenschale
100 g Parmesan, frisch gerieben
Salz und frisch gemahlener schwarzer Pfeffer

- Öl in einem Topf mit schwerem Boden erhitzen. Schalotten, Knoblauch, Sellerie, Zucchini und Karotte dazugeben und bei niedriger Hitze 4 Minuten unter Rühren anbraten. Reis dazugeben, bei hoher Hitze 2–3 Minuten anbraten, ständig rühren.
- Einen Schöpflöffel Gemüsebrühe und die Hälfte der Kräuter in den Topf geben und gut würzen.
- Hitze reduzieren und die restliche Gemüsebrühe unter ständigem Rühren nach und nach zum Reis geben. Dabei immer erst dann einen weiteren Schöpflöffel Brühe in den Topf geben, wenn die Flüssigkeit im Topf ganz aufgesogen ist. Ständig rühren, bis der Reis bissfest ist.
- Vom Herd nehmen. Die restlichen Kräuter, Butter, Zitronenschale und Parmesan einrühren. Topf mit Deckel verschließen und 2–3 Minuten ziehen lassen, damit das Risotto weich und cremig wird. Schwarzen Pfeffer darübermahlen und servieren.

**Gemüsereis mit Zitrone** 1 EL Olivenöl in einer großen Pfanne erwärmen. 2 Schalotten und 2 Knoblauchzehen hacken und mit 300 g küchenfertigem Mischgemüse in die Pfanne geben. 500 g fertigen Express-Reis sowie den Saft und die geriebene Schale von 1 Zitrone dazugeben. 5–6 Minuten unter Rühren braten, bis alles sehr heiß ist, servieren.

**Kräuter-Zitronen-Tagliatelle** 1 EL Öl in einer großen Pfanne erwärmen. Je 2 Schalotten und Knoblauchzehen hacken und mit ½ fein gewürfelten Karotte und 1 fein gewürfelten Selleriestange in die Pfanne geben. Bei mittlerer Hitze 4–5 Minuten anbraten. 400 g Tagliatelle kochen, abgießen und zum Gemüse in die Pfanne geben. 1 große Handvoll gemischte Kräuter, gehackt, sowie den Saft und die geriebene Schale von 1 Zitrone dazugeben. Umrühren, 100 g Parmesan über die Nudeln reiben und servieren.

# Udon-Nudelpfanne mit Spargel

**Für 4 Personen**
2 EL Sonnenblumenöl
2 Knoblauchzehen, zerdrückt
400 g grüne Spargelspitzen
8 Frühlingszwiebeln, schräg in Scheiben geschnitten
400 g frische Udon-Nudeln
5 EL Austernsauce (aus dem Asia-Laden)

- Öl in einer großen Pfanne erhitzen. Knoblauch und Spargelspitzen zugeben und 2 Minuten unter Rühren anbraten.
- Frühlingszwiebeln, Udon-Nudeln, Austernsauce und 5 EL Wasser dazugeben und alles vermischen. 2 Minuten unter Rühren braten und servieren.

---

 **Udon-Nudeln mit Spargel und Bohnen**
3 EL dunkle Sojasauce, 2 EL Reisessig, 1 EL Mirin (süßer Reiswein) und 2 EL braunen Zucker in einer flachen Schale verrühren, bis der Zucker aufgelöst ist. 300 g in mundgerechte Würfel geschnittenen festen Tofu dazugeben, vermengen und mindestens 15 Minuten marinieren lassen. In der Zwischenzeit einen großen Teller im Ofen vorwärmen. Eine große Pfanne bei mittlerer Hitze erhitzen. Auf einem zweiten Teller 2 EL Maismehl verteilen. Tofu aus der Marinade nehmen und im Maismehl wälzen. Vorsichtig Sonnenblumenöl in die Pfanne geben, bis der Boden bedeckt ist. Den Tofu von allen Seiten goldbraun und knusprig braten, dazu mit einer Grillzange mischen. Auf Küchenpapier abtropfen lassen und auf dem vorgewärmten Teller im Ofen warm halten. 1 l Gemüsebrühe und die Marinade in einen Topf geben und zum Kochen bringen. 400 g grüne Spargelspitzen, 50 g Sojabohnen, 1 TL frisch geriebenen Ingwer und 500 g frische Udon-Nudeln in den Topf geben und 3–4 Minuten köcheln, bis das Gemüse bissfest gar ist. Suppe und Tofu auf vier Suppenschalen verteilen. Mit 25 g grob gehacktem frischen Koriander garnieren, mit etwas Chiliöl beträufeln und servieren.

**Udon-Nudel-Pfannkuchen mit gebratenem Spargel** 200 g Udon-Nudeln kochen, abgießen und beiseitestellen. 2 EL Pflanzenöl bei großer Hitze in einer Pfanne erhitzen. Nudeln in zwölf Portionen teilen und die Einzelportionen nach und nach braten. Dabei mit einem Spachtel flach drücken, sodass die Oberfläche goldbraun wird und bei mittlerer Hitze 3–4 Minuten braten, bis die Unterseite der Nudelpfannkuchen goldbraun und knusprig ist. Mischen und von der anderen Seite 1–2 Minuten braten, dabei wieder mit dem Spachtel flach drücken. Aus der Pfanne nehmen und warm stellen. Grillpfanne dampfend heiß erhitzen. 400 g grüne Spargelspitzen mit Öl bestreichen und von beiden Seiten 2–3 Minuten in der Grillpfanne rösten. In eine Schüssel geben und mit 6 EL Austernsauce und 3 EL süßer Chilisauce vermischen. Nudelpfannkuchen mit Spargel anrichten und servieren.

# Tarte mit Tomaten, Camembert, Ziegenkäse und Kräutern

**Für 4 Personen**

250 g Blätterteig
3–4 EL Tapenade aus schwarzen Oliven, kann je nach Geschmack durch Dijonsenf ersetzt werden
300 g reife Flaschentomaten, in dünne Scheiben geschnitten
8 große Basilikumblätter, leicht zerpflückt
125 g Camembert
100 g Ziegenkäse
2 EL frischer Thymian zzgl. etwas zum Garnieren
1–2 EL Olivenöl extra vergine
Salz und frisch gemahlener schwarzer Pfeffer

- Ofen auf 200 °C vorheizen. Blätterteig ausrollen und Tarteform (25 cm Ø) damit auslegen.
- Teigboden mit Tapenade oder Senf bestreichen.
- Tomatenscheiben vorsichtig abtropfen und in konzentrischen Zirkeln auf den Teigboden legen. Würzen (dabei beachten, dass die Tapenade salzig ist) und mit den Basilikumblättern bestreuen.
- Camembert und Ziegenkäse in dünne Scheiben schneiden. Am Außenrand der Tarte einen Kreis aus Camembert und innen einen Kreis aus Ziegenkäse legen. Übrig gebliebene Käsescheiben in die Mitte der Tarte legen.
- Mit Thymian bestreuen und mit Olivenöl beträufeln.
- 15–18 Minuten im Ofen backen, bis der Blätterteig aufgegangen und der Käse goldgelb ist. Mit Thymian garnieren und servieren.

---

**Tomaten-Tapenade-Baguette mit zweierlei Käse** 2 ofenwarme Baguettes aufschneiden, Ober- und Unterseiten mit 10 EL Tapenade aus schwarzen Oliven oder 6 EL Dijonsenf bestreichen. 400 g reife Flaschentomaten in Scheiben schneiden und auf die Baguettes legen. Mit 25 g Basilikumblättern und je 100 g Camembert- und Ziegenkäsescheiben belegen, würzen und mit Salat servieren.

**Nudeln mit frischen Tomaten und zweierlei Käse** 300 g Farfalle nach Packungsangabe kochen. In der Zwischenzeit 4 Flaschentomaten, 100 g schwarze Oliven ohne Stein, 25 g Basilikum und 2 EL frischen Thymian fein hacken und in eine Schüssel geben. 100 g Ziegenkäse und 100 g Camembert würfeln und dazugeben. Nudeln abgießen und ebenfalls in die Schüssel geben. Würzen, gut vermischen, servieren.

# Limabohnen-Gemüseauflauf mit Nussstreuseln

**Für 4 Personen**
75 g kalte Butter,
   in Würfel geschnitten
175 g Mehl
100 g Walnüsse, gehackt
50 g Cheddar, gerieben
500 g küchenfertiges Gemüse,
   z. B. Brokkoli, Blumenkohl
   und Karotten
500 g Tomatensauce
   aus dem Glas oder Tetrapack
2 Knoblauchzehen, zerdrückt
6 EL Basilikumblätter, fein gehackt
400 g Limabohnen aus der Dose,
   abgegossen und gewaschen
Salz und frisch gemahlener
   schwarzer Pfeffer

- Ofen auf 200 °C vorheizen.
- Butter und Mehl zu Krümeln verkneten. Gehackte Walnüsse und geriebenen Käse unterrühren, würzen und beiseitestellen.
- Karotten grob hacken und 2 Minuten blanchieren. Brokkoli und Blumenkohl dazugeben und 1 weitere Minute dünsten, dann abgießen.
- Tomatensauce in einem großen Topf erhitzen, bis sie Blasen schlägt.
- Knoblauch, Basilikum, Limabohnen und blanchiertes Gemüse einrühren. Alles in eine mittelgroße Auflaufform geben und die Streusel-Nuss-Mischung darüber verteilen. 15–20 Minuten im Ofen backen, bis die Oberfläche goldgelb ist und die Flüssigkeit köchelt.

### Limabohnen-Walnuss-Pastete

800 g Limabohnen aus der Dose, abgegossen, mit dem Saft und der geriebenen Schale von 1 Zitrone in einen Mixer geben. 1 zerdrückte Knob- lauchzehe, 4 EL gehacktes Basilikum, 4 EL gehackte Minze- blätter, 8 EL Mayonnaise und 2 EL Dijonsenf dazugeben und alles fast glatt pürieren. Auf frisch getoastetes Weiß- oder Bauernbrot streichen und mit Salat servieren.

### Gemüsesuppe mit Limabohnen

2 Knoblauchzehen in Scheiben schneiden und 1 Zwiebel hacken. Beides in 2 EL Olivenöl 1–2 Minuten glasig braten. 1 l heiße Gemüse- brühe, 500 g küchenfertiges Gemüse (Brokkoli, Blumenkohl und Karotten), 25 g gehackte glatte Petersilie und 800 g Limabohnen aus der Dose, abgegossen, dazugeben, aufkochen und 15 Minuten köcheln lassen. Suppe etwas abkühlen lassen, dann ein Drittel in einen zweiten Topf geben und die verbliebenen zwei Drittel mit dem Stabmixer glatt pürieren. Die nicht pürierte Suppe zurück in den Topf geben und 2 EL Tomatenmark einrühren. Alles gut verrühren, nach Geschmack mit gehackter glatter Petersilie bestreuen und servieren.

# Schneller Curry-Ei-Salat

**Für 4 Personen**
8 Eier, hart gekocht
4 Tomaten, in Achtel geschnitten
2 kleine Römersalate, zerpflückt
5 cm Salatgurke, in Scheiben
200 g Naturjoghurt
1 EL mildes Currypulver
3 EL Tomatenmark
Saft von 2 Limetten
6 EL Mayonnaise
frischer Thymian zum Garnieren
Salz und frisch gemahlener
 schwarzer Pfeffer

- Eier pellen, längs halbieren und mit Tomaten, Salatblättern und Gurke auf einer großen Platte anrichten.
- Joghurt, Currypulver, Tomatenmark, Limettensaft und Mayonnaise verrühren. Würzen und über den Salat geben. Mit Thymian garniert servieren.

 **Scharfes Omelett auf indische Art**

Ofengrill vorheizen. 2 EL Pflanzenöl in einer großen Pfanne erhitzen. Je 1 Zwiebel und rote Chilischote hacken und mit 2 TL zerstoßenem Kreuzkümmelsamen, 1 TL frisch geriebenem Ingwer, 1 TL zerdrücktem Knoblauch, 1 TL Currypulver und 1 fein gehackten Tomate in die Pfanne geben. 3–4 Minuten unter Rühren anbraten. 6 Eier und 1 kleine Handvoll Koriander, gehackt, verquirlen. Würzen und in die Pfanne gießen. Bei niedriger Hitze 8–10 Minuten braten, bis die Unterseite fest wird, dann vom Herd nehmen und im Ofen 3–4 Minuten backen, bis die Oberfläche fest und leicht goldbraun ist. Mit warmem Naan und Salat servieren.

 **Tomatencurry mit Eiern** 2 EL

Sonnenblumenöl in einer Pfanne erhitzen. 1 EL Kreuzkümmelsamen, 1 EL schwarze Senfkörner, 2 zerdrückte Knoblauchzehen, 2 getrocknete rote Chilischoten und 10 frische Curryblätter dazugeben, unter Rühren 30–40 Sekunden anbraten. 1 Zwiebel halbieren, in dünne Scheiben schneiden, mit 2 EL Currypulver in die Pfanne geben. 200 g gehackte Tomaten aus der Dose, 1 TL Zucker und 200 ml Kokosmilch einrühren, zum Kochen bringen und bei mittlerer Hitze 8–10 Minuten kochen, oft umrühren. 8 gepellte hart gekochte Eier in die Sauce geben, 10–12 Minuten köcheln lassen. Salzen, mit Korianderblättern garnieren und mit Naan servieren.

QuickVeggie
# Dessert-Express

# Rezepte nach Zubereitungszeit

## 30

| Rezept | Seite |
|---|---|
| Köstliche Zitronencremetarte | 230 |
| Gebackene Amarettofeigen | 232 |
| Blätterteigtörtchen mit Joghurt und Beeren | 234 |
| Brombeer-Crumble | 236 |
| Cookies mit weißer Schokolade, Vanille und Kirschen | 238 |
| Schokoladenküchlein mit flüssigem Kern | 240 |
| Schottische Pfannkuchen mit Eis und Schokoladensauce | 242 |
| Blaubeerpfannkuchen | 244 |
| Arme Ritter mit Blaubeeren und roten Johannisbeeren | 246 |
| Mini-Clafoutis mit Beerenmix | 248 |
| Mangotörtchen | 250 |
| Sommerbeeren-Trifle | 252 |
| Schichtdessert mit Pfirsichen und Himbeeren | 254 |
| Schichtdessert mit Rhabarber, Orange und eingelegtem Ingwer | 256 |
| Schokocroissants mit Erdbeeren | 258 |
| Ananaskompott | 260 |
| Frische Beerentorte | 262 |
| Mini-Biskuittörtchen | 264 |
| Trifle mit Tropenfrüchten | 266 |
| Wassermelonen-Spieße mit Limette-Minze-Sirup | 268 |
| Knusprige Brombeer-Apfel-Crumbles | 270 |
| Schokoladen-Himbeer-Rolle | 272 |
| Frittierte Bananen mit Limetten-Kokos-Panade | 274 |
| Käsetörtchen mit gemischten Beeren | 276 |
| Gebratene Mango mit Limette-Minze-Sirup | 278 |

## 20

| Rezept | Seite |
|---|---|
| Schnelle Mini-Zitronenbaiser-Tartes | 230 |
| Amarettocreme mit gegrillten Feigen | 232 |
| Joghurt-Smoothie mit Beeren und Orange | 234 |
| Pikantes Brombeer-Chutney | 236 |
| Kirsch-Vanille-Brûlée | 238 |
| Schokoladentöpfchen | 240 |
| Ricotta-Pfannkuchen mit Schokoladensauce | 242 |
| Arme Ritter aus Brioche mit Blaubeerkompott | 244 |
| Knusprig-sahniger Beereneisbecher | 246 |
| Gefrorene Beeren mit helldunkler Schokoladensauce | 248 |
| Mango-Schichtdessert | 250 |
| Schichtdessert mit Joghurt und Sommerbeerenkompott | 252 |
| Pfirsich-Himbeer-Zabaione | 254 |
| Rhabarber-Crumble mit eingelegtem Ingwer | 256 |
| Schokoladenfondue mit Früchten und Marshmallows | 258 |
| Pikant karamellisierte Ananas mit Rum | 260 |

# 10

| | | |
|---|---|---|
| Schichtdessert mit Beeren und Zitrone — 262 | Schichtdessert mit Zitronenbaiser und Blaubeeren — 230 | Schichtdessert mit Beeren, Kirschwasser und Vanillecreme — 262 |
| Indisches Erdbeer-Shrikhand (Joghurtcreme) — 264 | Feigen-Orangen-Salat mit Amaretto und Blauschimmelkäse — 232 | Cremige Erdbeer-Biskuittorte — 264 |
| Tropenfruchttorte mit Vanillecreme — 266 | Joghurt-Beeren-Töpfchen mit Honig — 234 | Exotischer Fruchtsalat — 266 |
| Wassermelone mit Grenadine-Limetten-Sirup — 268 | Brombeer-Orangen-Creme — 236 | Geeiste Wassermelone mit Limette und Grenadine — 268 |
| Schottisches Cranachan mit Brombeeren, Zimt und Äpfeln — 270 | Kirsch-Himbeer-Brûlée — 238 | Warmes Brombeer-Zimt-Kompott — 270 |
| Schmelzende Schokoladensoufflés mit Himbeeren — 272 | Bananenpfannkuchen mit Schokolade — 240 | Brownies mit Himbeersahne — 272 |
| Limetten-Kokos-Milchreis — 274 | Gewürzkekse — 242 | Beschwipste Erdbeeren mit Limette und Kokos — 274 |
| Mini-Cheesecake-Pavlovas mit Beeren — 276 | Blaubeer-Cheesecake-Töpfchen — 244 | Beschwipste Schoko-Beeren-Töpfchen — 276 |
| Heiße karamellisierte Mangos mit Limette — 278 | Brioche-Toast mit gegrillten Beeren — 246 | Mango-Minze-Carpaccio — 278 |
| | Sommerbeerensorbet — 248 | |
| | Mango-Lassi mit Kardamom — 250 | |
| | Beeren-Baiser-Sahne — 252 | |
| | Pfirsich-Himbeer-Salat mit Zitronen-Mascarpone — 254 | |
| | Rhabarber-Ingwer-Kompott — 256 | |
| | Erdbeeren mit Schokoladenspitzen — 258 | |
| | Ananasspieße mit Gewürzzucker — 260 | |

# Schnelle Mini-Zitronenbaiser-Tartes

**Für 4 Personen**
12 EL Zitronencreme (Lemon Curd)
4 Fertigtorteletts
1 Eiweiß
50 g Zucker

- Ofen auf 200 °C vorheizen.
- Die Zitronencreme auf die vier Torteletts verteilen.
- Eiweiß in einem großen, sauberen Gefäß steif schlagen. Nach und nach den Zucker einrühren, bis die Masse dick und glänzend-klebrig ist.
- Eischnee als kleine, gedrehte Häubchen auf die Zitronencreme-torteletts setzen. Im Ofen auf der obersten Schiene 5–6 Minuten backen, bis das Baiser sich zu bräunen beginnt. Etwas abkühlen lassen und servieren.

**1 Schichtdessert mit Zitronenbaiser und Blaubeeren** 2 Baiserschalen grob zerkrümeln und auf vier Dessertschalen verteilen. 200 g Sahne steif schlagen, dann 8 EL Zitronencreme (Lemon Curd) so einrühren, dass eine marmorierte Masse entsteht. Diese Masse auf die Baiserkrümel löffeln. Mit je 25 g Blaubeeren bestreuen und servieren.

**3 Köstliche Zitronen-cremetarte** Ofen auf 180 °C vorheizen. 125 g Mehl in eine Schüssel sieben. 50 g kalte Butter in Würfel schneiden, zugeben und mit dem Mehl zu Streuseln verarbeiten. 25 g Puderzucker untermischen. 1 Eigelb mit 1 EL kaltem Wasser verrühren, zu den Streuseln geben, alles mit einem Spatel verrühren und zu einem weichen Teig kneten. Teig ausrollen und den Boden einer Springform (23 cm Ø) damit auslegen. Backpapier oben auf den Teigboden legen, mit Bohnen bedecken und den Teig 12–15 Minuten im Ofen blind backen. Backpapier und Bohnen herunternehmen und 5–8 Minuten goldgelb backen. Abkühlen lassen. 600 g Zitronencreme (Lemon Curd) auf den Boden geben, 200 g Sahne schlagen und auf der Zitronencreme verteilen. Schneiden und servieren.

# Gebackene Amarettofeigen

**Für 4 Personen**

8–12 reife Feigen (je nach Größe 2 oder 3 pro Person)
4 große Orangen, geschält und in dicke Scheiben geschnitten
12 EL Amaretto
50 ml süßer Weißwein
4 EL Zucker
150 g Mascarpone, leicht cremig gerührt
4 EL fein gehackte Pistazienkerne

- Ofen auf 200 °C vorheizen. Vier Dessertteller warm stellen.
- Stängel der Feigen abschneiden und Feigen längs halbieren.
- Orangenscheiben in eine flache Auflaufform geben, die Feigenhälften darauflegen.
- Amaretto, Weißwein und Zucker verrühren und über die Früchte gießen. Lose mit Alufolie bedecken und 10–12 Minuten im Ofen backen.
- Orangen und Feigen auf die vier warmen Teller verteilen und mit dem heißen Sirup übergießen.
- Mit je einem großen Klecks Mascarpone anrichten, mit gehackten Pistazien bestreuen und servieren.

 **Feigen-Orangen-Salat mit Amaretto und Blauschimmelkäse** 12 reife Feigen in dünne Scheiben schneiden und mit 2 geschälten filetierten Orangen auf einer Platte anrichten. 100 g weichen Blauschimmelkäse darüberkrümeln. Den Saft von 1 Orange mit 4 EL Amaretto verrühren und über den Salat geben. Mit 50 g gehackten Pistazien bestreuen und servieren.

 **Amarettocreme mit gegrillten Feigen** Den Ofengrill sehr hoch vorheizen. 12 Feigen in dicke Scheiben schneiden und auf ein leicht mit Öl bestrichenes Backblech legen. Mit 4 EL Zucker bestreuen und im Ofen unter dem Grill 4–5 Minuten garen. 200 g Sahne cremig schlagen und 4 EL Amaretto einrühren. Feigen auf vier Dessertteller aufteilen und mit Amaretto-Sahne anrichten. 100 g gehackte Pistazien darüberstreuen und servieren.

 # Joghurt-Beeren-Töpfchen mit Honig

**Für 4 Personen**
400 g TK-Beerenmischung
Saft von 1 Orange
6 EL flüssiger Honig
400 g Vanillejoghurt
50 g Knuspermüsli

- Die Beeren auftauen lassen, die Hälfte davon in den Mixer geben und mit Orangensaft und Honig fast glatt pürieren. In eine Schüssel geben und die übrigen Beeren einrühren.

- Ein Drittel der Beerenmasse auf vier Dessertgläser oder kleine Schalen aufteilen. Mit der Hälfte des Vanillejoghurts bedecken.

- Die Hälfte der verbleibenden Beerenmasse als weitere Schicht auf den Joghurt geben, mit dem restlichen Joghurt bedecken.

- Die restliche Beerenmasse als oberste Schicht in die Gläser füllen, mit Knuspermüsli bestreuen und servieren.

 **Joghurt-Smoothie mit Beeren und Orange**

Vier große Gläser kalt stellen. 2 große Orangen schälen, filetieren und in einen Mixer geben. 750 g Vanillejoghurt und 400 g TK-Beerenmischung dazugeben. 4 EL flüssigen Honig dazugeben und alles glatt pürieren. In die gekühlten Gläser füllen und servieren.

 **Blätterteigtörtchen mit Joghurt und Beeren**

Ofen auf 180 °C vorheizen. 2 Packungen Blätterteig aus dem Kühlregal, 25 x 42 cm backfertig ausgerollt, jeweils vierteln und die einzelnen Quadrate mit zerlassener Butter bestreichen. Je vier Quadrate aufeinander stapeln und vier hitzebeständige, 10 cm tiefe Förmchen mit den Stapeln auslegen. Die Blätterteigböden 8–10 Minuten goldgelb knusprig backen. Abkühlen lassen und aus den Förmchen lösen. 2 EL Vanillejoghurt in jedes Blätterteignest geben und 200 g Beeren darübergeben. Mit Puderzucker bestreuen, servieren.

# Brombeer-Crumble

**Für 4 Personen**
750 g Brombeeren
2 Orangen, geschält und filetiert
Saft und abgeriebene Schale
 von 1 Orange
200 g Mehl
200 g Butter
100 g feiner brauner Zucker
Sahne, Eiscreme, Vanillepudding
 zum Servieren

- Ofen auf 220 °C vorheizen.
- Brombeeren mit den Orangenfilets, geriebener Orangenschale und Orangensaft in eine Schüssel geben und vermischen.
- Mehl und Butter in einer anderen Schüssel zu Streuseln verkneten, dann den Zucker einrühren.
- Brombeermischung in eine große Auflaufform geben und die Streusel gleichmäßig darüberstreuen.
- 20–25 Minuten goldbraun backen. Aus dem Ofen nehmen und warm mit Sahne, Eiscreme oder Vanillepudding servieren.

**Brombeer-Orangen-Creme**
300 g Dessertcreme (z. B. Vanille) auf vier Dessertgläser verteilen. 200 g Brombeeren und 4 EL Zucker im Mixer glatt pürieren und über die Creme in den Gläsern geben. 2 große Orangen schälen, filetieren und auf das Brombeerpüree legen. Je 1 kleine Kugel Vanilleeis daraufgeben und sofort servieren.

**Pikantes Brombeer-Chutney** 1 kleine rote Zwiebel in Scheiben schneiden. Mit 500 g Brombeeren, 150 g Zucker, 1 EL frisch geriebenem Ingwer und 1 EL Dijonsenf in einen großen Topf geben und verrühren. Unter ständigem Rühren bei mittlerer Hitze kochen, bis die Brombeeren zerfallen. Nach Geschmack würzen, 100 ml Weißweinessig dazugeben und unbedeckt 10 Minuten köcheln lassen. Masse leicht abkühlen lassen. Ein großes Einweckglas mit kochendem Wasser sterilisieren, das Chutney in das warme Glas geben und sofort verschließen. Obwohl das Chutney pikant ist, passt es gut zu Scones mit Sahne.

 # Kirsch-Vanille-Brûlée

**Für 4 Personen**

300 g reife Kirschen
50 g kandierte Kirschen (oder Cocktailkirschen)
12 EL Zucker
4 EL Kirschwasser oder -likör
400 g Vanillejoghurt

- Frische Kirschen entsteinen und grob hacken, kandierte Kirschen ebenfalls grob hacken. Beide mit 6 EL Zucker und Kirschwasser (oder -likör) in einer Schüssel vermischen.

- Kirschmischung in vier ofenfeste Glasförmchen geben und mit Vanillejoghurt bedecken.

- Restlichen Zucker über den Joghurt streuen und mit einem Bunsenbrenner karamellisieren. Falls kein Bunsenbrenner zur Hand ist, können Sie die Glasförmchen auch unter dem vorgeheizten Ofengrill karamellisieren.

**Kirsch-Himbeer-Brûlée** Ofengrill vorheizen. 300 g Kirschen entsteinen, mit 300 g Himbeeren mischen und in eine flache Auflaufform geben. 400 g Dessertcreme (z. B. Vanille) darübergeben und mit 4 EL Zucker bestreuen. Im Ofen auf mittlerer Grillstufe 4–5 Minuten backen, bis die Oberfläche goldbraun ist und die Flüssigkeit köchelt.

**Cookies mit weißer Schokolade, Vanille und Kirschen** Ofen auf 190 °C vorheizen. 200 g Butter, 75 g Muscovadozucker (Rohrohrzucker), 75 g hellbraunen Zucker, 1–2 Tropfen Vanilleextrakt und 1 Ei glatt rühren. 250 g Mehl mit ½ Päckchen Backpulver vermischen und mit 100 g weißen Schokoladensplittern und ½ TL Salz zur Eimasse geben. Gut verrühren und 75 g kandierte Kirschen untermischen. Große Teigkleckse auf beschichtete oder mit Backpapier ausgelegte Backbleche geben. Reichlich Abstand dazwischen lassen, da die Kekse beim Backen aufgehen. 12–14 Minuten hellbraun backen (die Kekse sollten innen noch etwas weich sein) und auf dem Blech 5 Minuten abkühlen lassen. Dann vorsichtig auf ein Kuchengitter legen und ganz abkühlen lassen.

# 30 Schokoladenküchlein mit flüssigem Kern

**Für 4 Personen**

150 g kalte Butter, in Würfel geschnitten, zzgl. etwas zum Einfetten
25 g Kakaopulver
200 g Zartbitterschokolade (mindestens 70 % Kakaoanteil), in grobe Stücke gebrochen
2 Eier
2 Eigelb
125 g hellbrauner Zucker
25 g Mehl
Crème fraîche zum Servieren

- Ofen auf 180 °C vorheizen. Vier Teller vorwärmen. Vier Puddingformen (à 200 ml Volumen) oder Auflaufförmchen einfetten und die Innenseiten mit der Hälfte des Kakaopulvers bestäuben.
- Butterwürfel und Schokoladenstücke im Wasserbad auflösen, dabei gelegentlich rühren. Wenn die Masse glatt und glänzend ist, abkühlen lassen.
- Eier, Eigelbe und Zucker in einer Schüssel 5 Minuten dick und schaumig schlagen.
- Die abgekühlte Schokomasse in die Eimasse rühren. Mehl und das restliche Kakaopulver darübersieben und darunterheben.
- Masse auf die vier Förmchen aufteilen. 14–16 Minuten backen, bis die Küchlein außen fest, aber innen noch flüssig-schmelzend sind. Die einzelnen Formen vorsichtig mit einem Topflappen halten und mit einem Messer an der Innenseite entlangfahren. Auf die vorgewärmten Teller stürzen oder im Förmchen servieren. Mit etwas kalter Crème fraîche anrichten.

### Bananenpfannkuchen mit Schokolade

200 g Bitterschokolade in einem kleinen Topf oder im Wasserbad schmelzen. 4 fertige Pfannkuchen auf vier Teller legen und je ½ in Scheiben geschnittene Banane in die Mitte geben. Geschmolzene Schokolade darübergießen und servieren.

### Schokoladentöpfchen

150 g Milchschokolade in Stücke brechen und in einem Topf langsam schmelzen. 2 knusprige Schokoriegel (à 40 g), mit Honig- oder Karamellgeschmack, zerteilen und in die geschmolzene Schokolade rühren. 300 g Sahne und 250 g Mascarpone nach und nach verrühren, bis eine glatte Creme entsteht. Dann die Schokolade-Riegel-Masse so einrühren, dass eine marmorierte Creme entsteht. In kleine Gläser oder Becher füllen, mit Kakao bestreuen und servieren.

# Schottische Pfannkuchen mit Eis und Schokoladensauce

**Für 4 Personen**
250 g Mehl
½ Pck. Backpulver
1 TL Zimtpulver
1 TL Pimentpulver
50 g heller brauner Zucker
1 Ei
300 ml Milch
Sonnenblumenöl zum Braten

*Zum Servieren*
4 Kugeln Vanilleeis
8 EL Schokoladensauce
  (aus dem Glas oder der Flasche)

- Ofen auf 150 °C vorheizen. Einen großen Teller warm stellen. Mehl mit Backpulver mischen und mit Zimt, Piment und Zucker in eine Schüssel geben. In der Mitte eine Mulde formen.
- Ei schlagen und in die Mulde der Mehlmischung geben. Milch nach und nach zugeben, dabei kräftig rühren, sodass ein glatter Teig entsteht.
- Etwas Öl in einer schweren Pfanne bei mittlerer Hitze erhitzen.
- Mit einem großen Löffel einzelne Pfannkuchenteig-Kleckse in die Pfanne setzen und 1–2 Minuten braten, bis sich an der Oberfläche Blasen bilden und die Unterseite goldbraun ist. Dann mischen und 1–2 Minuten von der anderen Seite braten. Aus der Pfanne nehmen, auf den vorgewärmten Teller legen, dabei die einzelnen Pfannkuchen mit Küchenpapier trennen. Im Ofen warm halten. Auf diese Weise den gesamten Teig zu Pfannkuchen verarbeiten.
- Je 3 Pfannkuchen auf einen Teller geben, mit Vanilleeis anrichten, mit Schokoladensauce beträufeln und servieren.

---

### 1 Gewürzkekse

Ofen auf 180 °C vorheizen. 100 g weiche Butter, 75 g hellbrauner Rohrzucker, 1 TL Zimt- und ¼ TL Pimentpulver schaumig rühren. 1 Ei hineinschlagen. 175 g Mehl mit 1 ½ gestrichenen TL Backpulver mischen, über Butter und Ei sieben und alles zu einem Teig verarbeiten. Teig löffelweise auf ein mit Backpapier ausgelegtes Backblech geben und 8–10 Minuten backen. Kekse vom Blech nehmen und auf einem Gitter abkühlen lassen.

### 2 Ricotta-Pfannkuchen mit Schokoladensauce

Ofen auf 160 °C vorheizen. 75 g Mehl mit ½ gestrichenen TL Backpulver in eine große Schüssel sieben. 25 g Zucker, 1 TL Zimtpulver und ½ TL Salz dazugeben und gut vermischen. 2 Eier trennen, Eiweiße beiseitestellen und die Eigelbe mit 90 ml (6 EL) Buttermilch und 40 g weicher Butter schaumig rühren. Nach und nach das gewürzte Mehl zugeben und locker rühren. 100 g Ricotta vorsichtig unter den Teig heben. Eiweiße steif schlagen und nach und nach unter den Teig heben. Etwas Butter in einer großen, ofenfesten Bratform erhitzen und für jeden Pfannkuchen etwa 3 Löffel Teig in die Pfanne geben, dabei genug Abstand lassen (ergibt 4 Pfannkuchen). 4 Minuten im Ofen backen, dann mischen und weitere 4 Minuten backen, bis sich die Pfannkuchen fest anfühlen. Auf vier Teller verteilen, mit etwas Schokoladensauce beträufeln und mit etwas Crème fraîche servieren.

# 30 Blaubeerpfannkuchen

**Für 4 Personen**
250 ml Milch
2 Eier
100 g Zucker
75 g weiche Butter zzgl. etwas zum Einfetten
1 TL Backpulver
1 Prise Salz
250 g Mehl
100 g Blaubeeren zzgl. einige zum Garnieren
Ahornsirup oder flüssiger Honig zum Servieren

- Ofen auf 150 °C vorheizen und vier Teller warm stellen. Milch, Eier, Zucker und weiche Butter in einer großen Schüssel verrühren. Backpulver und Salz einrühren, dann die Hälfte des Mehls zugeben und gut verrühren, bis ein ebenmäßiger Teig entsteht. Das übrige Mehl und Blaubeeren einrühren, alles gut vermischen.

- Eine große beschichtete Pfanne bei mittlerer Hitze erwärmen. Mit Küchenpapier den Pfannenboden mit etwas Butter einfetten. Mit einem großen Löffel Teigkleckse in die Pfanne geben, dabei etwas Abstand zwischen den einzelnen Pfannkuchen lassen. Bei Bedarf etwas mehr Butter zugeben.

- Von jeder Seite 1–2 Minuten goldbraun braten, dann warm stellen. So den gesamten Teig zu Pfannkuchen verarbeiten.

- Pfannkuchen auf die vorgewärmten Teller verteilen und mit etwas Ahornsirup oder flüssigem Honig beträufeln. Warm mit frischen Blaubeeren servieren.

**Blaubeer-Cheesecake-Töpfchen** 4 Ingwer-kekse zerkrümeln und auf vier Dessertgläser verteilen. 250 g Mascarpone, 4 EL Crème double oder Sahne, 4 EL Puderzucker und den Saft sowie die geriebene Schale von 1 Zitrone verquirlen. Auf die Ingwerkeksekrümel geben, 150 g Blaubeeren obenauf geben und servieren.

**Arme Ritter aus Brioche mit Blaubeerkompott** Für das Kompott 100 g Blaubeeren mit 2 EL Zucker und 1 Spritzer Zitronensaft in einem Topf erhitzen. Wenn die Blaubeeren zerfallen und der Saft austritt, 2–3 Minuten köcheln lassen, bis sie etwas eingedickt sind. In der Zwischenzeit 2 Eier, 4 EL Milch, 1 EL Zucker und einige Tropfen Vanilleextrakt in einer Schüssel verrühren, bis der Zucker aufgelöst ist. 4 dicke Scheiben Brioche in der Eimasse wenden. Etwas Butter in einer Pfanne erhitzen und die Brioche-Scheiben von beiden Seiten goldbraun braten. Arme Ritter mit einer Kugel Vanilleeis und dem Kompott anrichten und servieren.

# Arme Ritter mit Blaubeeren und roten Johannisbeeren

**Für 4 Personen**
3 Eier
100 ml Milch
50 g Sahne oder Crème double
100 g Zucker
2 TL Zimtpulver
6 dicke Scheiben Weißbrot
400 g Blaubeeren und rote Johannisbeeren, gemischt
75 g Butter
Crème fraîche zum Servieren

- Ofen auf 150 °C vorheizen und vier Teller warm stellen. Eier, Milch, Sahne oder Crème double, 50 g Zucker und 1 Prise Zimt in eine Schüssel geben und kräftig verrühren.

- Die Brotscheiben in der Eimasse wälzen und einige Minuten einweichen lassen.

- 50 g Zucker, das übrige Zimtpulver und die Beeren in eine Pfanne geben und gut durchmischen, sodass die Beeren mit Zimtzucker bedeckt sind. 2 EL Wasser dazugeben und bei mittlerer Hitze 3–4 Minuten erwärmen. Vom Herd nehmen und warm stellen.

- Die Hälfte der Butter in einer zweiten, beschichteten Pfanne zerlassen. 3 der Brotscheiben gründlich abtropfen lassen und von jeder Seite 2–3 Minuten anbraten. Dasselbe mit der restlichen Butter und den übrigen 3 Brotscheiben machen. Arme Ritter auf Küchenpapier abtropfen lassen, diagonal durchschneiden und auf die vorgewärmten Teller verteilen.

- Arme Ritter mit Beerenmischung anrichten und mit etwas Crème fraîche servieren.

 **Brioche-Toast mit gegrillten Beeren**

4 dicke Scheiben Brioche hell toasten. 50 g Sahne mit 4 EL Zucker steif schlagen und auf die Brioche-Toasts geben. 200 g gemischte rote Johannis- und Blaubeeren auf die Sahne geben, mit Puderzucker bestäuben und servieren.

 **Knusprig-sahniger Beereneisbecher**

400 g Sahne in einer Schüssel steif schlagen. 2 Baiserschalen in große Stücke zerbrechen und in die Sahne geben. 100 g rote Johannisbeeren und 200 g Blaubeeren dazugeben und alles vorsichtig vermengen, sodass eine marmorierte Masse entsteht. Je 1 große Kugel Vanilleeis in vier Eisbecher geben, Beerencreme darüberlöffeln und mit Puderzucker bestäubt servieren.

 # Sommerbeerensorbet

**Für 4 Personen**
300 g TK-Sommerbeeren-Mischung
400 g Himbeerjoghurt
6 EL Puderzucker

- Vier Gläser oder Dessertschalen kalt stellen. Gefrorene Beeren, Joghurt und Zucker in einen Mixer geben und pürieren oder mit der Küchenmaschine glatt rühren.
- Masse, die an den Seiten des Gefäßes gefroren ist, abkratzen und alles erneut pürieren.
- In die gekühlten Gläser füllen und servieren.

 **Gefrorene Beeren mit helldunkler Schokoladensauce** Vier Dessertteller oder -schalen kalt stellen. 400 g TK-Beerenmischung auf die gekühlten Teller verteilen. 100 Zartbitterschokolade und 100 g weiße Schokolade getrennt in zwei Töpfen schmelzen. 150 g Sahne steif schlagen. Kurz vor dem Servieren die zwei Schokoladensaucen über die gefrorenen Beeren träufeln und mit etwas Schlagsahne servieren.

 **Mini-Clafoutis mit Beerenmix** Ofen auf 200 °C vorheizen. 300 g TK-Beerenmischung auftauen lassen. Vier Auflaufförmchen (à 200 ml Volumen) leicht fetten, die Beeren darauf verteilen. 125 g Frischkäse, 150 g Zucker und 50 g Mehl vermischen und glatt rühren. Einige Tropfen Vanilleextrakt, 3 Eier und 6 EL Milch einrühren. Die Mischung gleichmäßig über die Beeren verteilen, Auflaufförmchen in den Ofen stellen und 20 Minuten goldbraun backen. Mit Puderzucker bestäuben und mit Himbeerjoghurt servieren.

# Mango-Schichtdessert

**Für 4 Personen**
4 feste, reife, süße Mangos
200 g Mangopüree aus der Dose oder aus dem Glas
50 g Zucker
150 g Sahne
¼ TL gemahlener Kardamom zzgl. etwas zum Garnieren
200 g Dessertcreme (z. B. Vanille)

- Mangos schälen, das Fleisch vom Stein trennen und in kleine, mundgerechte Würfel schneiden. Drei Viertel der Mangostückchen, Mangopüree und Zucker in den Mixer geben und glatt pürieren.
- Sahne und Kardamom cremig schlagen und vorsichtig unter die Dessertcreme heben. Ein Viertel der Mangomasse unter diese Sahnecreme ziehen, sodass eine marmorierte Masse entsteht.
- Eine Hälfte der übrigen Mangostückchen auf vier Dessertgläser verteilen und die Hälfte der Mango-Sahne-Creme daraufgeben. Die übrige Mangomasse darübergeben.
- Die restliche Mango-Sahne-Creme in die Dessertgläser geben, die verbliebenen Mangostückchen darauf verteilen und mit gemahlenem Kardamom garnieren. Kalt servieren.

 **Mango-Lassi mit Kardamom** 3 reife Mangos schälen, das Fleisch vom Stein schneiden und in einen Mixer geben. 4 EL flüssigen Honig, 500 g Naturjoghurt und 1 TL gemahlenen Kardamom dazugeben. Glatt pürieren, in vier hohe, mit Eiswürfeln gefüllte Gläser geben und servieren.

 **Mangotörtchen** Ofen auf 200 °C vorheizen. 1 Platte TK-Blätterteig in zwei Hälften und jede Hälfte in vier Quadrate schneiden. Auf ein mit Backpapier ausgelegtes Backblech legen, mit 2 EL Milch bestreichen und mit 1 EL braunem Zucker bestreuen. 2 reife Mangos schälen, Fleisch vom Kern trennen und in dünne Scheiben schneiden. Blätterteigquadrate mit den Mangoscheiben belegen und 2 EL flüssigen Honig darüberträufeln. 1 TL gemahlenen Kardamom darüberstreuen und 15–20 Minuten backen, bis der Blätterteig aufgegangen und goldbraun ist. Mit Dessertcreme (z. B. Vanille) servieren.

# 1. Beeren-Baiser-Sahne

**Für 4 Personen**

400 g gemischte Beeren
(z. B. Brombeeren, Himbeeren, Blaubeeren) zzgl. einige zum Garnieren
400 g Erdbeerjoghurt
300 g Crème fraîche
4 EL Puderzucker
4 kleine Baisertörtchen

- Vier Dessertgläser kalt stellen. Die Hälfte der Beeren in einen Mixer geben und glatt pürieren. Mit dem Erdbeerjoghurt in eine Schüssel geben und gut verrühren.
- Die übrigen Beeren in eine zweite Schüssel geben und mit Crème fraîche und Puderzucker verrühren. Diese Masse zur Joghurt-Beeren-Masse geben und so verrühren, dass eine marmorierte Creme entsteht.
- Baiser in grobe Stücke brechen, unterrühren und alles auf die vier gekühlten Dessertgläser verteilen.
- Mit einigen Beeren garnieren und sofort servieren.

## 2.  Schichtdessert mit Joghurt und Sommerbeerenkompott

500 g gemischte Sommerbeeren, 50 g Zucker und einige Tropfen Vanilleextrakt in einen Topf geben und 4–5 Minuten erhitzen, bis die Beeren zerfallen. Vom Herd nehmen und abkühlen lassen. Die Hälfte des Kompotts in vier Dessertgläser oder -schalen geben. Darauf eine Schicht Erdbeerjoghurt (insgesamt 200 g) und das übrige Kompott geben. 2 Baisertörtchen darüberkrümeln und gekühlt oder lauwarm servieren.

## 3. Sommerbeeren-Trifle

200 g Himbeeren, 200 g Blaubeeren, 200 g Brombeeren, 50 g Zucker und 2 EL Wasser in einen Topf geben und erhitzen, bis die Beeren weich sind. Abkühlen lassen. 1 fertigen Biskuitboden in kleine Stücke brechen und damit den Boden von vier Dessertschälchen oder -gläsern auslegen. Darauf die Beerenmischung geben, gefolgt von einer Schicht Dessertcreme, z. B. Vanille (insgesamt 200 g). Auf jedes Dessert 1 Löffel Crème fraîche geben und gekühlt servieren.

# Schichtdessert mit Pfirsichen und Himbeeren

**Für 4 Personen**

150 g Mascarpone
Saft und fein geriebene Schale von 1 Zitrone
75 g Zucker zzgl. 1 EL
150 g Sahne
400 g frische Himbeeren
4 frische, reife Pfirsiche

- Mascarpone, Zitronenschale, Zitronensaft und Zucker zu einer glatten Creme verrühren. Sahne steif schlagen und unter die Mascarponecreme heben.

- Ein Viertel der Himbeeren und 1 EL Zucker im Mixer glatt pürieren. In eine Schüssel geben und die übrigen Himbeeren vorsichtig unterrühren.

- Pfirsiche schälen, entsteinen und in dicke Scheiben schneiden. Die Hälfte der Pfirsichscheiben in vier Dessertschalen oder -gläser legen.

- Die Hälfte der Mascarponecreme auf die Pfirsichscheiben in den Schalen schichten, darauf eine Schicht Himbeeren, dann wieder eine Schicht Pfirsichscheiben, eine Schicht Mascarponecreme und zum Schluss eine Schicht Himbeeren. Gekühlt servieren.

 **Pfirsich-Himbeer-Salat mit Zitronenmascarpone** 4 reife Pfirsiche schälen, entsteinen, in Scheiben schneiden und mit 200 g Himbeeren auf einer Platte anrichten. 100 g Mascarpone, 75 g Sahne, den Saft und die geriebene Schale von ½ Zitrone und 50 g Zucker verrühren und zum Fruchtsalat servieren.

 **Pfirsich-Himbeer-Zabaione** 3 reife Pfirsiche schälen, entsteinen, in Scheiben schneiden und in einer großen Pfanne bei mittlerer Hitze mit 2 EL Zucker und 3 EL Marsala 2–3 Minuten weich braten. Auf vier Dessertgläser verteilen, 100 g Himbeeren daraufgeben und stehen lassen. Einen Topf Wasser fast zum Sieden bringen. In einem Edelstahlgefäß oder einer hitzebeständigen Glasschale 4 Eigelb und 75 g Zucker 5 Minuten zu einer dicken, hellgelben Masse schlagen. Gefäß in den Topf mit fast siedendem Wasser stellen und 15 Minuten schlagen. Dabei nach und nach 150 ml Marsala einrühren. Schlagen, bis die Masse auf das fast dreifache Volumen aufgeschäumt, locker und fast so fest wie Eischnee ist. Vorsicht: Die Masse darf nicht zu heiß werden und soll nicht kochen! Vom Herd nehmen, auf die Früchte in den Dessertgläsern geben und warm servieren.

# Schichtdessert mit Rhabarber, Orange und eingelegtem Ingwer

**Für 4 Personen**

300 g Rhabarber
2 eingelegte Ingwerkugeln, abgegossen und fein gehackt
50 g Zucker
2 Gewürznelken
1 Zimtstange
Saft von 1 Orange
1 Orange, geschält und filetiert
50 g Mascarpone
100 g Naturjoghurt

- Rhabarber in mundgerechte Stücke schneiden und mit der Hälfte des Ingwers in einen Topf geben. Zucker, Nelken, Zimtstange und Orangensaft dazugeben und erhitzen.

- Wenn die Flüssigkeit zu kochen beginnt, Hitze verringern und zugedeckt 4–5 Minuten weich köcheln. Dabei gelegentlich umrühren. Nelken und Zimtstangen herausnehmen und abkühlen lassen.

- Orangenfilets auf vier Dessertgläser verteilen. Mascarpone und Joghurt zu einer glatten Creme verrühren und abwechselnd mit dem Rhabarberkompott auf die Orangen in die Dessertgläser schichten.

- Kalt stellen, mit dem restlichen gehackten Ingwer garnieren und servieren.

 **Rhabarber-Ingwer-Kompott** 500 g Rhabarber in mundgerechte Stücke schneiden, 4 EL eingelegten Ingwer grob hacken. Beides mit dem Saft und der fein geriebenen Schale von 1 Orange und 100 g Zucker in einen Topf geben und zum Kochen bringen. 3–4 Minuten köcheln, bis der Rhabarber weich ist. Warm auf Vanilleeis servieren.

 **Rhabarber-Crumble mit eingelegtem Ingwer** Ofen auf 180 °C vorheizen. Vier Auflaufförmchen (à 300 ml Volumen) einfetten. 400 g Rhabarber in 2,5 cm große Stücke schneiden und auf die Formen verteilen. 2 eingelegte Ingwerkugeln fein hacken und mit etwas Sirup aus dem Glas in die Formen geben. Mit 1 TL Puderzucker bestreuen. 200 g Dessertcreme (z. B. Vanille) auf die Formen verteilen und stehen lassen. 100 g Mehl und 75 g kalte Butter zu Streuseln verkneten, mit 50 g Zucker vermischen und auf die Creme streuen. Im Ofen 15 Minuten goldgelb backen.

# Schokoladenfondue mit Früchten und Marshmallows

**Für 4 Personen**

400 g Zartbitterschokolade, in kleine Stücke zerbrochen
25 g Butter
150 g Sahne
50 ml Milch
Erdbeeren und Marshmallows zum Eintauchen

- Eine Schale oder einen Fonduetopf vorwärmen. Schokoladenstücke, Butter, Sahne und Milch in einen kleinen Topf geben und vorsichtig unter Rühren erhitzen, bis die Schokolade geschmolzen und alles zu einer glatten, glänzenden Sauce verrührt ist. In eine warme Schale bzw. in den Fonduetopf geben.

- Je 1–2 Erdbeeren und/oder Marshmallows auf Spieße stecken. In die Schokoladensauce tauchen und sofort genießen.

 **Erdbeeren mit Schokoladenspitzen**

200 g Zartbitterschokolade in einem kleinen Topf vorsichtig schmelzen. Ein Backblech mit Backpapier auslegen. 20 reife Erdbeeren mit der Spitze in die Schokolade tunken, auf das Backblech legen und im Kühlschrank kalt stellen. Gekühlt servieren.

 **Schokocroissants mit Erdbeeren**

Ofen auf 160 °C vorheizen. Backblech mit Backpapier auslegen. 200 g Zartbitterschokolade in kleine Stücke brechen. 4 Croissants aufschneiden und mit den Schokoladenstückchen füllen. Aufs Backblech legen und 8–10 Minuten backen, bis die Schokolade geschmolzen ist und die Croissants durch und durch warm sind. Mit Puderzucker bestäuben, mit Vanilleeis und frischen Erdbeeren servieren.

# Pikant karamellisierte Ananas mit Rum

**Für 4 Personen**
50 g Butter
4 EL Zucker
1 kleine Ananas, geschält und in mundgerechte Stücke geschnitten
2–3 Stück Sternanis
1 Zimtstange
2–3 EL dunkler Rum
Sahne oder Eiscreme zum Servieren

- Butter in einer heißen Pfanne zerlassen, bis sie zu schäumen beginnt.

- Zucker, Ananas, Sternanis und Zimtstange zugeben und bei großer Hitze unter ständigem Rühren 5–6 Minuten anbraten, bis der Zucker karamellisiert.

- Rum zugeben, gut verrühren und 1–2 Minuten weiter köcheln lassen. Vom Herd nehmen und heiß mit etwas Schlagsahne oder einer Kugel Eiscreme servieren.

### Ananasspieße mit Gewürzzucker

50 g Zucker, 1 TL Zimtpulver und 1 Sternanis in einem Mörser zerstoßen. 1 kleine Ananas schälen, in mundgerechte Stücke schneiden und auf acht Schaschlikstäbchen spießen. Mit dem Gewürzzucker bestreuen und mit etwas Schlagsahne servieren.

### Ananaskompott

1 Ananas schälen, würfeln und in einen Topf geben. 400 ml Wasser, 6 EL dunklen Rum, 1 Zimtstange, 2 Sternanis, 2 Gewürznelken und 150 g Zucker dazugeben und zum Kochen bringen. Bei niedriger Hitze 12–15 Minuten köcheln lassen, dann vom Herd nehmen. Gewürze herausnehmen und Ananas etwas abkühlen lassen. Warm oder kalt mit der Flüssigkeit und etwas Schlagsahne oder 1 Kugel Vanilleeis pro Portion servieren.

# Frische Beerentorte

**Für 4 Personen**
400 g TK-Blätterteig
200 g Sahne
75 g Dessertcreme (z. B. Vanille)
1 EL Kirschwasser oder Kirschlikör
300 g Brombeeren
200 g Himbeeren
200 g Blaubeeren
Puderzucker zum Servieren

- Ofen auf 220 °C vorheizen.

- Blätterteig auf einer mit Mehl bestäubten Oberfläche zu einem Kreis mit 23 cm Ø ausrollen. Überstehende Kanten mit einem scharfen Messer abschneiden und den Teig auf ein Backblech legen.

- Teig 1,5 cm vom Rand rundum mit der Messerspitze einschneiden (nicht durchschneiden). Dann den Teigboden 12–15 Minuten goldgelb backen, bis der Blätterteig aufgegangen ist.

- Aus dem Ofen nehmen und die Mitte des Teigbodens herunterdrücken, um eine Schale mit hohem Rand zu formen. Abkühlen lassen.

- Sahne steif schlagen. Dessertcreme und Kirschwasser oder -likör unterrühren und die Creme in die Mitte des Blätterteignests geben.

- Die Beeren auf der Cremeschicht verteilen, mit Puderzucker bestäuben und servieren.

 **Schichtdessert mit Beeren, Kirschwasser und Vanillecreme** Jeweils 200 g Brombeeren, Himbeeren und Blaubeeren in eine Schüssel geben. 4 EL Zucker und 2 EL Kirschwasser dazugeben und alles vermischen. Beerenmischung in vier Schalen geben. 400 g Dessertcreme (z. B. Vanille) darübergeben, mit Kakaopulver bestäuben und servieren.

 **Schichtdessert mit Beeren und Zitrone** 4 Shortbread-Finger oder 4 dicke Mürbeteigkekse zerkrümeln und in vier Dessert- oder Eisgläser geben. Mit je 1 EL Kirschwasser beträufeln. 250 g Sahne schlagen und 4 EL Puderzucker unterrühren. 8 EL Zitronencreme (Lemon Curd) und 200 g gemischte frische Beeren zur Sahne geben und alles vorsichtig zu einer marmorierten Creme verrühren. Beerencreme in die Gläser geben, mit 2 EL Mandelblättchen und je 1 Minzezweig garnieren und servieren.

# Cremige Erdbeer-Biskuittorte

**Für 4 Personen**
2 kleine Biskuitböden
 (à ca. 15 cm Ø)
150 g Sahne
200 g kleine Erdbeeren
8 EL sehr gute Erdbeermarmelade
Puderzucker zum Garnieren

- Den hochgezogenen Rand der Tortenböden abschneiden und einen der Böden auf eine Kuchenplatte legen.

- Die Sahne steif schlagen und mit einem großen Messer oder einer Palette auf den Tortenboden streichen.

- Erdbeeren halbieren, mit der Erdbeermarmelade vermischen und auf die Sahneschicht geben.

- Mit dem zweiten Tortenboden bedecken und die Oberseite mit Puderzucker bestäuben. In dicke Stücke schneiden und sofort servieren.

## Indisches Erdbeer-Shrikhand

**(Joghurtcreme)** 300 g Erdbeeren putzen und in große Stücke schneiden. Mit 2 EL Rosenwasser und 6 EL Puderzucker in eine Schüssel geben und vermischen. Vier Dessertschalen mit je 1 dicken Stück Biskuitboden auslegen und mit der Erdbeermischung belegen. 400 g griechischen Sahnejoghurt und 8 EL Erdbeermarmelade verrühren, auf die Erdbeeren geben und gekühlt servieren.

## Mini-Biskuittörtchen

Ofen auf 180 °C vorheizen. Acht kleine Springformen (à ca. 10 cm Ø) einfetten, die Böden mit Backpapier auslegen und auf ein Backblech stellen. 150 g Butter und 150 g Zucker in einer großen Schüssel schaumig schlagen. 3 Eier in einer anderen Schüssel mit einigen Tropfen Vanilleextrakt verquirlen und nach und nach in die Butter-Zucker-Mischung einrühren. 150 g Mehl mit 1 gestrichenem TL Backpulver mischen, in die Teigschüssel sieben und vorsichtig verrühren. Teig auf die Springformen verteilen und goldgelb backen. In den Formen abkühlen lassen, dann herauslösen und auf einem Kuchengitter weiter abkühlen lassen. 300 g Sahne fast steif schlagen und auf 4 der Tortenböden verteilen. Mit je 2 EL Erdbeermarmelade belegen und mit den übrigen Tortenböden bedecken. Mit Puderzucker bestäuben und servieren.

 # Trifle mit Tropenfrüchten

**Für 4 Personen**
1 große Passionsfrucht (Maracuja)
2 EL Puderzucker
Saft von 1 Orange
4 Kiwis
1 Mango
10–12 rote und grüne, kernlose Weintrauben
1 kleiner Biskuitboden
400 g Dessertcreme (z. B. Vanille)
100 g Schlagsahne, halbsteif geschlagen, und Orangenzesten zum Garnieren

- Die Kerne der Passionsfrucht herausschaben und in eine große Schüssel geben. Mit Puderzucker und Orangensaft vermischen.
- Kiwis schälen und das Fruchtfleisch klein würfeln. Mango schälen und das Fleisch in 1 cm große Würfel schneiden.
- Fruchtwürfel zur Passionsfrucht geben, dazu die Weintrauben. Früchte kalt stellen.
- Biskuitboden grob zerteilen und auf den Boden von vier Dessertgläsern oder -schalen verteilen, darauf den Fruchtsalat geben und dann die Dessertcreme.
- Jeweils etwas Schlagsahne obenauf setzen, mit Orangenzesten garnieren und servieren.

 **Exotischer Fruchtsalat**
In Würfel geschnittenes Fruchtfleisch von 1 Mango in eine Schüssel geben. 300 g gewürfeltes Ananasfruchtfleisch, 4 geschälte und gewürfelte Kiwi und 200 g rote und grüne Weintrauben dazugeben Den Saft von 1 Orange und 6 EL Puderzucker darübergeben und gut vermischen. Mit Eiscreme servieren.

 **Tropenfruchttorte mit Vanillecreme**
1 Mürbeteig aus dem Kühlregal (ca. 20 cm Ø) mit 200 g Dessertcreme (z. B. Vanille) bestreichen. 2 reife Mangos und 2 Kiwis schälen und jeweils in dünne Scheiben schneiden. Mango- und Kiwischeiben sowie 100 g halbierte rote und grüne, kernlose Weintrauben auf der Creme verteilen. Mit Puderzucker bestäuben und mit Schlagsahne servieren.

# Wassermelone mit Grenadine-Limetten-Sirup

**Für 4 Personen**

4 EL Grenadinesirup
50 g Zucker
Saft und fein geriebene Schale von 1 Limette zzgl. etwas zum Garnieren
1 kleine bis mittlere Wassermelone

- Grenadinesirup, 100 ml Wasser, Zucker, Limettensaft und fein geriebene Limettenschale in einen kleinen Topf geben und zum Kochen bringen. Hitze verringern und 6–8 Minuten dickflüssig einköcheln. Vom Herd nehmen und abkühlen lassen.
- In der Zwischenzeit die Wassermelone halbieren und von jeder Hälfte mit einem scharfen Messer die Schale ablösen.
- Wassermelonen-Hälften auf ein Schneidbrett legen. Mit einem scharfen Messer jeweils mit vier Schnitten eckig abschneiden, sodass das Fruchtfleisch jeder Hälfte als großer Quader übrig bleibt.
- Die beiden Quader in mundgerechte Würfel schneiden und auf einer Platte zu einem gleichmäßigen Quadrat auslegen.
- Mit dem abgekühlten Grenadine-Limetten-Sirup begießen, mit etwas Limettenzeste oder abgeriebener Limettenschale garnieren und servieren.

---

 **Geeiste Wassermelone mit Limette und Grenadine** Das Fleisch von ½ Wassermelone mit 4 EL gehackter Minze, 4 EL Grenadinesirup, 4 EL Zucker, dem Saft und der fein geriebenen Schale von 1 Limette im Mixer glatt pürieren. Vier hohe Gläser mit zerstoßenem Eis füllen, die pürierte Wassermelone einschenken und sofort servieren.

 **Wassermelonenspieße mit Limette-Minze-Sirup** 200 g Zucker und 150 ml Wasser in einen Topf geben und aufkochen. Hitze verringern und 15–20 Minuten köcheln, bis der Zucker aufgelöst und die Flüssigkeit dickflüssig ist. Vom Herd nehmen. Saft und fein geriebene Schale von 1 Limette sowie 4 EL fein gehackte Minzeblätter einrühren und abkühlen lassen. In der Zwischenzeit das Fruchtfleisch von 1 Melone in mundgerechte Würfel schneiden und auf acht Schaschlikstäbchen spießen. Spieße auf einen großen Teller legen, mit Limettensirup übergießen, gekühlt oder ungekühlt servieren.

# Schottisches Cranachan mit Brombeeren, Zimt und Äpfeln

**Für 4 Personen**

4 EL Haferflocken
  (kernig oder zart nach Geschmack)
8 EL Zucker
250 g Vanillejoghurt
½ TL Zimtpulver
1 EL Whisky (am besten schottisch)
400 g Brombeeren zzgl. einige zum Garnieren
1 Apfel
2 EL Butter

- Eine kleine Bratpfanne bei mittlerer Hitze erwärmen. Haferflocken hineingeben und 1 Minute anbraten. Dann 3 EL Zucker hineingeben.
- 2–3 Minuten unter Rühren ohne Fett anbraten, bis die Haferflocken leicht gebräunt sind. Dann auf etwas Backpapier geben und abkühlen lassen.
- Joghurt, Zimt, 1 EL Zucker und den Whisky verrühren. Die Brombeeren dazugeben und erneut rühren, sodass die Brombeeren leicht zerfallen.
- Apfel schälen, entkernen und grob raspeln. Eine beschichtete Pfanne bei großer Hitze erwärmen, Butter hineingeben und die Apfelraspel 3–4 Minuten anbraten. Sobald sie weich werden, den übrigen Zucker (4 EL) dazugeben und alles leicht braun braten. Vom Herd nehmen und abkühlen lassen.
- Brombeerjoghurt und Apfelraspel abwechselnd in Schichten auf vier Dessertgläser verteilen. Mit gerösteten Haferflocken und Brombeeren garnieren und servieren.

---

### Warmes Brombeer-Zimt-Kompott

600 g Brombeeren in einen Topf geben. 1 TL Zimtpulver, 4 EL Zucker und 1 Spritzer Zitronensaft dazugeben und aufkochen. 5–6 Minuten kochen, bis die Brombeeren zerfallen sind und die Masse eindickt. Warm auf Eiscreme oder Vanillejoghurt servieren.

### Knusprige Brombeer-Apfel-Crumbles

Ofen auf 200 °C vorheizen. 600 g Kochäpfel (z. B. Bramley) schälen, entkernen und in kleine Stücke schneiden. Saft von ½ Zitrone darübergeben und gut vermengen. Apfelstückchen, 200 g Brombeeren und 150 g braunen Zucker abwechselnd schichtweise in vier Auflaufförmchen (à 300 ml Volumen) geben. 250 g kalte Butter in einer großen Schüssel mit 250 g Mehl zu Streuseln verkneten. 150 g Müsli und 50 g braunen Zucker dazugeben und vermischen. Die Streuselmischung auf die vier Auflaufförmchen verteilen. Förmchen in den Ofen stellen und 20 Minuten backen, bis die Früchte gar sind und köchelnde Fruchtsaftblasen an den Rändern aufsteigen. Einige Minuten abkühlen lassen und warm mit Dessertcreme (z. B. Vanille) oder Schlagsahne servieren.

# 30 Schokoladen-Himbeer-Rolle

**Für 4 Personen**

Butter zum Einfetten
100 g Zartbitterschokolade oder Blockschokolade
4 große Eier
100 g Zucker
50 g Mehl
1 Msp. Backpulver
300 g Schlagsahne
300 g Himbeeren zzgl. einige zum Garnieren
Kakaopulver zum Bestäuben

- Ofen auf 180 °C vorheizen. Eine flache Backform (30 cm x 23 cm) mit Backpapier auslegen und einfetten.
- Schokolade in Stücke brechen und in einem hitzebeständigen Gefäß über einem Topf mit kaum siedendem Wasser schmelzen.
- Die Eier trennen, Eigelbe und Zucker in einer großen Schüssel zu einer hellgelben, schaumigen Masse schlagen. Mehl mit Backpulver vermischen und in die Eimasse sieben, Schokolade einrühren.
- Eiweiß in einer zweiten Schüssel mit einem sauberen Schneebesen zu festem Eischnee schlagen. Eischnee unter den Schokoladenteig heben und vorsichtig vermischen.
- Den so entstandenen Biskuitteig in die mit Backpapier ausgelegte Backform geben und etwas schütteln, damit die Oberfläche glatt wird. In den Ofen stellen und 15–20 Minuten backen, bis der Biskuit leicht aufgegangen ist und sich gerade fest anfühlt.
- Biskuit vorsichtig auf Backpapier stürzen. Das Backpapier vom Boden (der jetzt die Oberseite ist) entfernen. Biskuit mit dem neuen Backpapier zu einer Rolle aufrollen.
- Sahne schlagen und vorsichtig die Himbeeren unterrühren.
- Biskuitrolle wieder auseinander rollen und mit der Himbeersahne bestreichen, dabei ringsum einen kleinen Rand lassen. Wieder aufrollen, mit Kakaopulver bestreuen und mit Himbeeren garnieren.

---

**Brownies mit Himbeersahne**
50 g Sahne schlagen und auf 4 fertige Brownies verteilen. Mit je 10–12 Himbeeren belegen, mit Puderzucker bestäubt servieren.

**Schmelzende Schokoladensoufflés mit Himbeeren** Ofen auf 180 °C vorheizen. Vier mittelgroße Auflaufförmchen einfetten. 200 g Zartbitterschokolade mit 150 g Butter im Wasserbad oder in der Mikrowelle schmelzen. 4 Eier und 150 g Zucker zu einer hellgelben, schaumigen Masse schlagen. 100 g Mehl in die Eimasse sieben und verrühren. Die flüssige Schokolade unterheben, den Teig auf die Förmchen verteilen, in den Ofen stellen. 8–12 Minuten backen, bis die Soufflés aufgegangen sind und eine Kruste gebildet haben, aber innen noch flüssig sind. Mit je 1 Handvoll Himbeeren anrichten und mit Schlagsahne servieren.

# Frittierte Bananen mit Limetten-Kokos-Panade

**Für 4 Personen**

Saft von 2 Limetten
6 EL Zucker
4 Bananen, in je 3-4 Stücke geschnitten
200 g Speisestärke
100 g Mehl
¾ gestrichener TL Backpulver (3 g)
3 EL Kokosraspeln
3 Eigelb
75 ml kaltes Mineralwasser mit Kohlensäure
Pflanzenöl zum Frittieren
Puderzucker und flüssiger Honig zum Servieren

- Ofen auf 150 °C vorheizen. Limettensaft und Zucker in einer Schüssel verrühren. Bananenstücke hineinlegen, gut vermischen und 5 Minuten stehen lassen.
- Die Hälfte der Speisestärke auf einen Teller geben und die Bananenstücke darin wälzen. Übrige Speisestärke, Mehl und Backpulver in eine Schüssel sieben, die Kokosraspeln dazugeben, vermischen.
- Eigelbe und Mineralwasser in einer sauberen Schüssel verquirlen. Mehlmischung dazugeben und weiterrühren, bis ein dickflüssiger Teig entsteht.
- Eine tiefe Pfanne zu drei Viertel mit Pflanzenöl füllen. Auf 180 °C erhitzen. Das Öl ist heiß genug, wenn ein kleiner Brotwürfel darin in 10–15 Sekunden zischend goldbraun frittiert ist.
- Bananenstücke in den Teig tunken und vorsichtig ins heiße Öl geben. Nach und nach 1–2 Minuten goldbraun frittieren, dabei die fertigen Stückchen mit dem Schaumlöffel herausheben und auf Küchenpapier abtropfen lassen. Im Ofen warm stellen, bis alle Bananenstückchen frittiert sind.
- Mit Puderzucker bestäuben, mit etwas Honig beträufeln und servieren.

 **Beschwipste Erdbeeren mit Limette und Kokos** 2 EL Zucker, 2 EL Cointreau oder Orangenlikör und den Saft von ½ Limette in einer großen Schüssel verrühren. 200 g frisch geraspelte Kokosnuss und 200 g gehackte Erdbeeren einrühren, gut vermischen und servieren.

 **Limetten-Kokos-Milchreis** 200 g Kokoscreme, 100 ml Kokosmilch, 150 g Zucker und die fein geriebene Schale von 2 Limetten in einen Topf geben und zum Kochen bringen. 250 g gekochten Basmatireis dazugeben und 4–5 Minuten köcheln lassen, bis der Milchreis eingedickt ist. Auf vier Schalen verteilen und mit Minzezweigen garniert servieren.

 # Käsetörtchen mit gemischten Beeren

**Für 4 Personen**
25 g Butter
1 EL Zuckerrübensirup
125 g dunkle Doppelkekse
  (Schokokekse mit Schokofüllung)

*Für die Käsecreme*
200 g gemischte Sommerbeeren
  zzgl. einige zum Garnieren
175 g Frischkäse
100 g Zucker
Saft und geriebene Schale
  von 1 Zitrone
½ TL Vanilleextrakt oder -essenz
½ Pck. Gelatinepulver
250 g Sahne
Minzeblätter zum Garnieren

- Butter und Zuckerrübensirup in einen Topf geben und bei mittlerer Hitze zerlassen. Kekse im Mixer zerkrümeln (oder in einen Frischhaltebeutel geben und mit dem Nudelholz klein klopfen) und mit in den Topf geben. Umrühren und vom Herd nehmen.

- Beeren im Mixer pürieren oder durch ein grobes Sieb streichen, dann das Püree erneut sieben, um Kerne zu entfernen.

- Ein Backblech mit Backpapier auslegen und die Keks-Butter-Mischung auf vier kleine Ringformen (10 cm Ø) verteilen. Gut festdrücken und kalt stellen.

- Für die Käsecreme Frischkäse, Zucker, Zitronenschale, Zitronensaft und Vanilleextrakt kräftig verrühren. 2 EL Wasser in eine kleine Schale geben, Gelatine einstreuen und in der Mikrowelle auf hoher Stufe 30 Sekunden erhitzen. Etwas Käsemasse in die Gelatine rühren, dann die Gelatine in die Käsemasse geben und verrühren.

- Sahne steif schlagen und zusammen mit dem Beerenpüree unter die Käsemasse heben. Vorsichtig verrühren, sodass eine marmorierte Creme entsteht. Creme auf die Keksböden in den Ringformen geben und mit einem flachen Spachtel glattstreichen. Kalt stellen.

- Vor dem Servieren die Kuchen aus den Ringformen lösen, dazu mit einem scharfen Messer einmal von innen um den Rand fahren. Mit Beeren und Minzeblättern garniert serviert.

---

 **Beschwipste Schoko-Beeren-Töpfchen** 75 g Zartbitterschokolade in einem Topf schmelzen und 150 g frische gemischte Beeren einrühren. 200 g Frischkäse, 3 EL Weinbrand und 25 g Zucker in einer Schüssel verrühren. Schokoladenmasse auf vier Dessertgläser verteilen und die Frischkäsemischung daraufgeben. Gekühlt oder ungekühlt serviert.

---

**Mini-Cheesecake-Pavlovas mit Beeren** 200 g Frischkäse, 50 g Puderzucker und einige Tropfen Vanilleextrakt kräftig verrühren. 300 g frische gemischte Beeren in die Frischkäsecreme rühren und die Frischkäse-Beeren-Masse auf 4 Baisertörtchen verteilen. 50 g Zartbitterschokolade in einem Topf schmelzen, Pavlovas (gefüllte Baisertörtchen) mit der Schokolade beträufeln und serviert.

# Mango-Minze-Carpaccio

**Für 4 Personen**

6 EL hellbrauner Zucker
Saft und fein geriebene Schale
   von 1 großen Limette
2 EL Minzeblätter, fein gehackt,
   zzgl. ganze Blätter zum Garnieren
4 feste, reife Mangos
Vanilleeis (nach Geschmack)
   zum Servieren

- Zucker, geriebene Limettenschale und Limettensaft, Minze und 6–8 EL Wasser in einen kleinen Topf geben, aufkochen und vom Herd nehmen. Umrühren, bis der Zucker vollständig aufgelöst ist, dann abkühlen lassen.

- Mangos halbieren und Fleisch mit einem scharfen Messer vom Stein lösen. Schälen und in hauchdünne Streifen schneiden.

- Mangoscheiben auf vier Teller verteilen und mit dem Zuckersirup übergießen.

- Mit Minzeblättern garnieren und nach Geschmack mit Vanilleeis servieren.

### Heiße karamellisierte Mangos mit Limette

2 Mangos schälen, vom Stein befreien und in Scheiben schneiden. Eine Pfanne bei mittlerer Hitze erwärmen und 75 g Zucker erhitzen, 50 g Butter und Mangoscheiben zugeben und 5–6 Minuten braten, bis die Mango mit Zuckersirup bedeckt ist. Fein geriebene Schale und Saft von 1 Limette zugeben und 2 Minuten köcheln lassen. Heiß mit etwas gehackten Minzeblättern und Vanilleeis servieren.

### Gebratene Mango mit Limette-Minze-Sirup

200 g Zucker in einem Topf bei mittlerer Hitze langsam bernsteinfarben karamellisieren. Vom Herd nehmen und vorsichtig 100 ml Limettensaft und 4 EL fein gehackte Minze einrühren. Erneut erhitzen, bis die Karamellmasse wieder flüssig wird, abkühlen lassen. 250 g Mascarpone, 150 g Kokoscreme und 3 EL Puderzucker zu einer glatten Creme verrühren. 4 reife Mangos mit einem scharfen Messer längs durchschneiden und die Hälften vom Stein lösen. Mit einem scharfen Messer ein Würfelmuster ins Fruchtfleisch schneiden, das Fruchtfleisch jedoch nicht von der Schale lösen. Mit Puderzucker bestäuben, überschüssigen Puderzucker abschütteln und die angeschnittenen Mangohälften in einer beschichteten Pfanne mit der Schale nach oben 4–5 Minuten braten. Mit der Fruchtseite nach oben auf vier Teller legen, mit Kokoscrememasse anrichten und mit Sirup beträufelt servieren.

# Stichwortregister

*Die Seitenzahlen in kursiver Schrift verweisen auf Fotos.*

**Ananas**
Ananaskompott 260
Ananasspieße mit Gewürzzucker 260
Pikant karamellisierte Ananas mit Rum 16, 260, *261*

**Äpfel**
Apfel und Rote Bete aus dem Ofen 72
Apfel-Rote-Bete-Salat 72
Apfel-Rote-Bete-Suppe 17, 72, *73*
Fruchtiger Kartoffelsalat 17, 106, *107*
Knusprige Brombeer-Apfel-Crumbles 270
Schottisches Cranachan mit Brombeeren, Zimt und Äpfeln 270, *271*
Vegetarischer Caesar's Salad mit Kräuter-Knoblauch-Croûtons 18, 92, *93*

**Asia-Nudeln**
Asiatische Soba-Shiitake-Suppe 168
Asiatischer Sommersalat mit kalten Soba-Nudeln 13, 168, *169*
Brokkoli und Pilze mit Nudeln in Schwarze-Bohnen-Sauce 14, 182, *183*
Eiernudeln mit Gemüse 158
Eiernudelpfanne mit Paprika und Spinat 164
Gemüsepfanne mit Eiernudeln 84
Reisnudel-Tofu-Salat mit Szechuanpfeffer 204
Scharfe Nudeln mit Gemüse und Kokos 194
Udon-Nudeln mit Spargel und Bohnen 218
Udon-Nudelpfanne mit Spargel 218, *219*
Udon-Nudel-Pfannkuchen mit gebratenem Spargel 218
Vegetarisches Phad Thai 16, 186, *187*
Vietnamesischer Nudelsalat mit Gemüse 186
Warmer Nudelsalat mit Sojabohnen 168

**Auberginen**
Auberginenröllchen mit Joghurt-Tomaten-Füllung 19, 34, 35
Blitz-Ratatouille 15, 200, *201*
Couscoussalat mit Aubergine und Feta 34
Gegrilltes Gemüse 200
Geschmorte Baby-Auberginen mit Honig und Harissa 19, 208, *209*
Knusprige marokkanische Auberginenpuffer mit Harissa 208
Salat mit gegrillter Aubergine, Tomate und Basilikum 160
Sautierte Auberginen mit Harissa 208
Tomaten-Auberginen-Pizza mit Mozzarella 160
Tomaten-Auberginen-Papardelle 19, 34, *35*
Warmer Quinoasalat mit gegrillten Zucchini und Aubergine 118

**Avocado**
Couscous-Avocado-Salat Tricolore 90, *91*
Frischer Salsa-Pasta-Salat 58
Frühlingszwiebel-Rösti mit Avocado-Zwiebel-Tomatensalsa 58, *59*
Italienisches Ciabatta mit Kirschtomaten, Avocado und Mozzarella 90
Maispuffer mit Avocadosalsa 15, 46, *47*
Pasta mit Kirschtomaten, Avocado und Mozzarella 90
Rucola-Avocado-Salat mit Zuckermais 46
Spinatsalat mit Hülsenfrüchten und Avocadodressing 88, *89*

**Bananen**
Bananenpfannkuchen mit Schokolade 240
Frittierte Bananen mit Limetten-Kokos-Panade 17, 274, *275*

**Beeren**
Arme Ritter mit Blaubeeren und roten Johannisbeeren 15, 246, *247*
Beschwipste Schoko-Beeren-Töpfchen 276
Blätterteigtörtchen mit Joghurt und Beeren 234
Brioche-Toast mit gegrillten Beeren 246
Frische Beerentorte 262, *263*
Gefrorene Beeren mit helldunkler Schokoladensauce 248
Joghurt-Beeren-Töpfchen mit Honig 15, 234, *235*
Joghurt-Smoothie mit Beeren und Orange 234
Käsetörtchen mit gemischten Beeren 276, *277*
Knusprig-sahniger Beereneisbecher 246
Mini-Cheesecake-Pavlovas mit Beeren 276
Mini-Clafoutis mit Beerenmix 248
Schichtdessert mit Beeren und Zitrone 262
Schichtdessert mit Beeren, Kirschwasser und Vanillecreme 262
Sommerbeerensorbet 17, 248, *249*

**Birnen**
Chicorée mit Gorgonzola, Birne und Walnüssen 17, 28, *29*
Salat mit gegrilltem Ziegenkäse, Birne, Radicchio und Pistazien 24
Überbackene Brote mit Ziegenkäse, Birne und Pistazie 24

**Biskuitgebäck**
Cremige Erdbeer-Biskuittorte 264, *265*
Mini-Biskuittörtchen 264
Trifle mit Tropenfrüchten 266, *267*

**Blaubeeren**
Arme Ritter aus Brioche mit Blaubeerkompott 244
Arme Ritter mit Blaubeeren und roten Johannisbeeren 15, 246, *247*
Blaubeer-Cheesecake-Töpfchen 244
Blaubeerpfannkuchen 244, *245*
Schichtdessert mit Zitronenbaiser und Blaubeeren 230

**Blumenkohl**
Blumenkohl mit schneller Käse-Senf-Sauce 156
Blumenkohlcremesuppe 156
Blumenkohlauflauf 12, 156, *157*

**Bohnen**
Bohnen-Mais-Wraps 15, 40, *41*
Bohnen-Tomaten-Chili 146
Brokkoli und Pilze mit Nudeln in Schwarze-Bohnen-Sauce 182
Brokkoli-Pilz-Pfanne mit schwarzen Bohnen 182
Bruschetta mit Chili, Tomaten und Rosmarinbohnen 16, 42, *43*
Bruschetta mit gemischten Bohnen, Tomaten und Chili 14, 146, *147*
Bunter Gemüsesalat mit Augenbohnen 126
Chicorée-Bohnen-Schmortopf mit Gorgonzola 28
Deftige Bohnen-Spinat-Suppe 88
Deftige Nudelsauce 78
Gemüsesuppe mit Limabohnen 222
Gratin mit Gemüse und Cannellinibohnen 42
Eintopf aus Augenbohnen und roter Paprika 19, 126, *127*
Herzhafte Gemüsebrühe mit Bohnen 126
Kedgeree mit gemischten Bohnen 142

Limabohnen-Gemüseauflauf
  mit Nussstreuseln 14, *222, 223*
Limabohnen-Walnuss-Pastete 222
Maissalat Tex-Mex 16,*162,163*
Mexikanische überbackene
  Tortillachips 146
Nudelsalat mit Bohnen und Spinat 78
Nudelsalat mit Pesto und Antipasti 198
Orientalischer Reis mit Pilzen, Brokkoli
  und schwarzen Bohnen 182
Pasta mit Spargel, Bohnen und Pesto
  13, 148, *149*
Pikanter bunter Frucht-Pilaw 17, 178, *179*
Quinoasalat mit Oliven, grünen Bohnen
  und Feta 100
Reissalat mit Bohnen und Tomaten 142
Salat mit Wassermelone, grünen Bohnen
  und Feta 12, 100, *101*
Scharfe Bohnensuppe mit Reis 142
Scharfe Tomaten-Bohnen-Suppe 42
Scharfe Tortillachips mit Bohnendip 40
Schichttortilla mit Mais und Bohnen 40
Spargel-Bohnen-Risotto mit Pesto 148
Spinatsalat mit Hülsenfrüchten
  und Avocadodressing 88, *89*
Udon-Nudeln mit Spargel und Bohnen 218
Warmer Nudelsalat mit Sojabohnen 168

**Brokkoli**
Brokkoli und Pilze mit Nudeln
  in Schwarze-Bohnen-Sauce 182
Brokkoli-Pilz-Pfanne
  mit schwarzen Bohnen 14, 182, *183*
Cremige Brokkolisuppe
  mit Blauschimmelkäse 210
Limabohnen-Gemüseauflauf mit
  Nussstreuseln 14, *222, 223*
Nudelauflauf mit Brokkoli
  und Hülsenfrüchten 94
Nudeln mit gebratenem Brokkoli
  und Blauschimmelkäse 210
Orientalischer Reis mit Pilzen, Brokkoli
  und schwarzen Bohnen 182
Schnelle Brokkoli-Gemüse-Pfanne 94
Soufflé mit Brokkoli
  und Blauschimmelkäse 12, 210, *211*
Warmer Nudelsalat mit Zitrone
  und Brokkoli 13, 94, *95*

**Brombeeren**
Brombeer-Orangen-Creme 236
Brombeer-Crumble 14, 236, *237*
Knusprige Brombeer-Apfel-Crumbles 270
Pikantes Brombeer-Chutney 236
Schottisches Cranachan mit Brombeeren,
  Zimt und Äpfeln 270, *271*
Warmes Brombeer-Zimt-Kompott 270

**Brot**
Arme Ritter aus Brioche
  mit Blaubeerkompott 244
Arme Ritter mit Blaubeeren und roten
  Johannisbeeren 15, 246, *247*
Brioche-Toast mit gegrillten Beeren 246
Bruschetta mit Chili, Tomaten und
  Rosmarinbohnen 16, 42, *43*
Bruschetta mit gemischten Bohnen,
  Tomaten und Chili 146
Ciabatta mit Wachteleiern und Salat 98
Cremige Estragonpilze
  auf Brioche-Toast 19, 44, *45*
Fatousch-Salat 104, 105
Gebratener Spargel mit Kaperndressing
  und Enteneiern 214, *215*
Griechischer Pita-Salat 48, *49*
Italienisches Ciabatta mit Kirschtomaten,
  Avocado und Mozzarella 90
Knackiger Salat mit Croûtons 92
Pita-Minipizza mit Hummus
  und Salat 104
Vegetarischer Caesar's Salad mit Kräuter-
  Knoblauch-Croûtons 18, 92, *93*
Würzige Paneer-Bruschetta 12, 56, *57*

**Bulgur**
Bulgur-Kichererbsen-Salat
  mit Kräutern 19, 166, *167*
Bulgur-Topf mit gegrillten Paprika
  und Tomaten 30
Bulgursalat mit gegrillten Paprika auf
  Salatherzen 16, 30, *31*
Bulgursalat mit gegrillten Paprika und
  eingelegtem Gemüse 30
Taboulé mit gegrilltem Gemüse 202
Türkischer Kichererbsen-
  Bulgur-Pilaw 166
Warmer marokkanischer
  Bulgur Salat mit gegrilltem
  Gemüse 19, 96, *97*

**Butternut-Kürbis**
Grünes Gemüsecurry 18, 134, *135*
Kürbis-Salbei-Tagliatelle 13, 184, *185*
Malaiischer Kokos-
  Gemüse-Eintopf 14, 194, *195*
Thai-Reis mit grünem Gemüse 134

**Chicorée**
Chicorée-Bohnen-Schmortopf
  mit Gorgonzola 28
Chicorée mit Gorgonzola,
  Birne und Walnüssen 17, 28, *29*
Gebackener Chicorée mit Gorgonzola 28

**Couscous**
Couscous mit Zitrone und Kräutern 202
Couscous-Avocado-Salat Tricolore 90, *91*
Couscoussalat mit Aubergine und Feta 34
Couscoussalat mit gegrilltem Gemüse
  18, 202, *203*
Couscoussalat mit Paprika
  und eingelegter Zitrone 17, 110, *111*
Fruchtig-scharfer Couscous 178
Gemüsebrühe mit grobem Couscous 110
Herbstliche marokkanische
  Gemüse-Tajine 19, 206, *207*
Marokkanischer Couscous 206
Orientalischer Couscoussalat 104

**Eier**
Chili-Spiegeleier mit warmem Chapati 64
Ciabatta mit Wachteleiern und Salat 98
Eiernudeln mit Gemüse 158
Estragon-Cheddar-Omelett 12, 188, *189*
Gebratener Spargel mit Kaperndressing
  und Enteneiern 214, *215*
Gefüllte Eier mit Kapern 64, *65*
Grüner Salat mit Spargel
  und Enteneiern 214
Käsesoufflé mit Estragon 188
Kedgeree mit
  gemischten Bohnen 142, *143*
Linguini-Frittata
  mit Grünkohl und Pecorino 144
Mais-Frittata mit roter Paprika 162
Nasi Goreng 196
Nudelsalat „Caesar's" 92
Omelett mit Pilzen, Lauch und Estragon 74
Pikanter indonesischer
  Reiseierkuchen 196
Pochierte Eier Florentine deluxe 18, 32, *33*
Russischer Salat 114, 115
Scharfe mexikanische Rühreier 150
Scharfe Rühreier 64
Scharfes Omelett auf indische Art 224
Schneller Curry-Ei-Salat 16, 224, *225*
Schnittlauch-Dill-Rührreier
  mit Frischkäse 212
Sommeromelett
  auf griechische Art 14, 130, *131*
Spanische Tortilla mit Spargel
  und Rispentomaten 214
Spiegeleier im Western-Stil 14, 150, *151*
Spinat-Kartoffel-Tortilla 14, 50, *51*
Spinat-Spargel-Tortilla 32
Spinatsalat mit Wachteleiern 98, *99*
Tomatencurry mit Eiern 224
Vegetarischer Caesar's Salad mit Kräuter-
  Knoblauch-Croûtons 18, 92, *93*
Warmer Reissalat
  mit Wachteleiern 98

Warmer Spargelsalat mit Spiegelei 32
Zuckermais-Kräuter-Frittata 26

**Erbsen**
 Blattsalat mit Erbsen, Tomaten
  und Frühlingszwiebeln 76
 Erbsen-Minze-Puffer 46
 Erbsensuppe mit
  Salat und Estragon 18, 76, 77
 Gemüsereispfanne 15, 158, *159*
 Milde Thai-Suppe mit
  grünem Gemüse 134
 Nudelauflauf mit Brokkoli
  und Hülsenfrüchten 94
 Orientalische Frühlingszwiebelsuppe
  mit Kräutern 212
 Schnelle Brokkoli-Gemüse-Pfanne 94

**Erdbeeren**
 Beschwipste Erdbeeren
  mit Limette und Kokos 274
 Cremige Erdbeer-Biskuittorte 264, *265*
 Erdbeeren mit Schokoladenspitzen 258
 Indisches Erdbeer-Shrikhand
  (Joghurtcreme) 264
 Schokocroissants mit Erdbeeren 258
 Schokoladenfondue mit Früchten
  und Marshmallows 15, 258, *259*

**Estragon**
 Erbsensuppe mit
  Salat und Estragon 18, 76, 77
 Estragon-Cheddar-Omelett 12, 188, *189*
 Käsesoufflé mit Estragon 188
 Nudel-Käse-Gratin mit Estragon 186
 Omelett mit Pilzen, Lauch und Estragon 74

**Feigen**
 Gebackene Amarettofeigen 17, 232, *233*
 Amarettocreme mit grillten Feigen 232
 Feigen-Orangen-Salat mit Amaretto und
  Blauschimmelkäse 232

**Frühlingszwiebeln**
 Blattsalat mit Erbsen, Tomaten
  und Frühlingszwiebeln 76
 Frühlingszwiebel-Rösti mit Avocado-
  Zwiebel-Tomatensalsa 58, *59*
 Gemüsesuppe mit Frühlingszwiebeln
  und Kartoffeln 58
 Kartoffel-Frühlingszwiebel-Gratin
  mit Senfsauce 106
 Orientalische Frühlingszwiebelsuppe
  mit Kräutern 212
 Pfannkuchen mit Frühlingszwiebeln,
  Dill und Schnittlauch 15, 212, *213*
 Zucchini-Frühlingszwiebel-Pfanne 118

Zucchinipfanne mit Frühlingszwiebeln
 und Chili 128

**Gemüse**
 Blitzsuppe mit Harissa und gegrilltem
  Gemüse 96
 Bunter Gemüsesalat
  mit Augenbohnen 126
 Chinesische Gemüsepfanne
  nach Szechuan-Art 158
 Couscoussalat mit gegrilltem Gemüse
  18, 202, *203*
 Eiernudeln mit Gemüse 158
 Gemüsereispfanne 15, 158, *159*
 Gemüsecremesuppe 114
 Gemüsereis mit Zitrone 216
 Gemüsesuppe mit Limabohnen 222
 Grünes Gemüsecurry 18, 134, *135*
 Herbstliche marokkanische
  Gemüse-Tajine 19, 206, *207*
 Herzhafte Gemüsebrühe mit Bohnen 126
 Limabohnen-Gemüseauflauf mit
  Nussstreuseln 14, 222, 223
 Malaiischer Kokos-Gemüse-Eintopf
  14, 194, *195*
 Marokkanische Gemüsesauce mit
  Wurzelgemüse 206
 Russischer Salat 114, *115*
 Sautiertes Gemüse 114
 Scharfe Szechuan-Pfanne mit Tofu
  und Gemüse 16, 204, *205*
 Schnelle Gemüsepizza 15, 124, *125*
 Taboulé mit grilltem Gemüse 202
 Thai-Gemüsesalat 186
 Thai-Nudelpfanne mit Gemüse 62
 Vegetarische Frühlingsrollen 62
 Vegetarische Reispfanne 62
 Vegetarisches Phad Thai 16, 186, *187*
 Vietnamesischer Nudelsalat
  mit Gemüse 186
 Warmer marokkanischer Bulgursalat
  mit gegrilltem Gemüse 19, 96, *97*

**Grünkohl**
 Linguini-Frittata mit Grünkohl
  und Pecorino 144
 Linguini mit Grünkohl-
  Pecorino-Pesto 13, 144, *145*

**Himbeeren**
 Brownies mit Himbeersahne 272
 Kirsch-Himbeer-Brûlée 238
 Pfirsich-Himbeer-Salat
  mit Zitronen-Mascarpone 254
 Pfirsich-Himbeer-Zabaione 254
 Schichtdessert mit Pfirsichen
  und Himbeeren 17, 254, *255*

Schmelzende Schokoladensoufflés
 mit Himbeeren 272
Schokoladen-Himbeer-Rolle 272, *273*

**Honig**
 Camembert-Fondue mit Honig
  und Walnüssen 12, 36, *37*
 Gebackener Ziegenkäse mit Honig
  und Pistazien 12, 24, *25*
 Joghurt-BeerenTöpfchen mit Honig 234

**Joghurt**
 Auberginenröllchen mit Joghurt-Tomaten-
  Füllung 19, 34, *35*
 Blätterteigtörtchen mit
  Joghurt und Beeren 234
 Joghurt-Beeren-Töpfchen
  mit Honig 15, 234, *235*
 Joghurt-Smoothie
  mit Beeren und Orange 234
 Scharfe frittierte Zwiebeln mit Minze-
  Koriander-Relish 16, 38, *39*
 Schichtdessert mit Rhabarber, Orange
  und eingelegtem Ingwer 18, 256, *257*

**Kartoffeln**
 Colcannon (irischer Eintopf) mit Rote Bete
  und Schnittlauch 54
 Fruchtiger Kartoffelsalat 17, 106, *107*
 Frühlingszwiebel-Rösti mit Avocado-
  Zwiebel-Tomatensalsa 58, *59*
 Gemüsebrühe mit Frühlingszwiebeln
  und Kartoffeln 58
 Kartoffel-Blinis mit Rote Bete und
  Schnittlauch 54, *55*
 Kartoffel-Frühlingszwiebel-Gratin
  mit Senfsauce 106
 Kartoffel-Mais-Pfanne
  mit roter Paprika 162
 Kartoffel-Schnittlauch-Suppe 54
 Russischer Salat 114
 Sautierte Spinatkartoffeln 50
 Scharfe Kartoffel-Sellerie-Pfanne 70
 Spargel-Kartoffel-Salat mit Pesto 148
 Spinat-Kartoffel-Eintopf 50
 Spinat-Kartoffel-Tortilla 14, 50, *51*
 Würzige Kartoffel-
  Sellerie-Suppe 16, 70, *71*

**Käse**
 Auberginenröllchen mit
  Joghurt-Tomaten-Füllung 19, 34, *35*
 Blätterteigtarte mit
  Pesto und Antipasti 15, 198, *199*
 Blumenkohlauflauf 12, 156, *157*
 Blumenkohl mit
  schneller Käse-Senf-Sauce 156

Blumenkohlcremesuppe 156
Camembert-Fondue mit Honig
　und Walnüssen 12, 36, *37*
Chicorée-Bohnen-Schmortopf
　mit Gorgonzola 28
Chicorée mit Gorgonzola,
　Birne und Walnüssen 17, 28, *29*
Couscoussalat mit Aubergine und Feta 34
Cremige Brokkolisuppe
　mit Blauschimmelkäse 210
Crêpes mit Spargel
　und Fontina 12, 180, *181*
Deftige Pilzsuppe italienische Art
　mit Polenta 18, 136, *137*
Estragon-Cheddar-Omelett 12, 188, *189*
Feigen-Orangen-Salat mit Amaretto
　und Blauschimmelkäse 232
Frittierter Halloumi im Bierteig 12, 192, *193*
Gebackener Chicorée mit Gorgonzola 28
Gebackener Ziegenkäse mit Honig
　und Pistazien 12, 24, *25*
Gegrillter Halloumi mit Paprika
　und Rucola 12, 116, *117*
Gegrillter Halloumi mit
　gegrillten Paprika 192
Griechischer Nudelreis mit Zucchini-
　Käsecreme 13, 128, *129*
Griechischer Pita-Salat 48, *49*
Italienisches Ciabatta mit Kirschtomaten,
　Avocado und Mozzarella 90
Käsemakkaroni mit
　Spinat und Tomaten 140
Käsesoufflé mit Estragon 188
Linguini mit Grünkohl-Pecorino-Pesto 144
Linguini-Frittata mit
　Grünkohl und Pecorino 144
Marokkanischer Orangen-Oliven-Salat
　mit Feta 100
Mediterrane Wraps mit
　gegrilltem Halloumi 116
Mexikanische überbackene
　Tortillachips 146
Mozzarellakugeln in Chilipanade
　mit frischem Pesto-Aioli 12, 52, *53*
Nudel-Käse-Gratin mit Estragon 186
Nudelauflauf mit Büffelmozzarella
　und Pesto 52
Nudelauflauf mit Tomaten und Chili 152
Nudeln mit frischen Tomaten
　und zweierlei Käse 220
Nudeln mit gebratenem Brokkoli
　und Blauschimmelkäse 210
Nudeln mit Tomaten-
　Spinat-Käse-Sauce 140
Nudelsalat mit Spinat, Kirschtomaten
　und Blauschimmelkäse 140

Palak Paneer (Spinat mit
　indischem Käse) 56
Paprika-Halloumi-Spieße 192
Pasta mit Camembert und Walnüssen 36
Pasta mit Halloumi, Rucola
　und Kirschtomaten 116
Pasta mit Kirschtomaten, Avocado
　und Mozzarella 90
Pfannkuchen mit Frühlingszwiebeln, Dill
　und Schnittlauch 15, 212, *213*
Räucherkäse-Quesadillas mit Paprika-
　Spinat-Füllung 12, 164, *165*
Ravioli mit Süßkartoffeln, Tomaten
　und Rucola 13, 190, *191*
Reis-Gemüse-Auflauf mit Käse 108
Rucola-Tomaten-Salat mit Ravioli 190
Salat mit gegrilltem Ziegenkäse, Birne,
　Radicchio und Pistazien 24
Salat mit gegrillter Aubergine, Tomate
　und Basilikum 160
Salat mit Wassermelone, grünen Bohnen
　und Feta 12, 100, *101*
Scharfe Gemüse-Cheeseburger mit Spinat
　und Paprika 164
Scharfe Paneer-Spieße 56
Schnelle Gemüsepizza 15, 124, *125*
Schnittlauch-Dill-Rührei
　mit Frischkäse 212
Sommeromelett auf
　griechische Art 14, 130, *131*
Soufflé mit Brokkoli
　und Blauschimmelkäse 12, 210, *211*
Spargelsoufflé mit Fontina
　und Kräutern 180
Spinatsalat mit gegrilltem Feta
　und Pinienkernen 48
Tarte mit Tomaten, Camembert,
　Ziegenkäse und Kräutern 220, *221*
Tomate-Aubergine-Pizza
　mit Mozzarella 160
Tomaten-Auberginen-
　Pappardelle 13, 160, *161*
Tomaten-Tapenade-Baguette
　mit zweierlei Käse 220
Traditioneller griechischer Salat 130
Türkischer Kichererbsen-Bulgur-Pilaw 166
Überbackene Brote mit Ziegenkäse, Birne
　und Pistazie 24
Überbackene Bruschetta mit Spargel
　und Fontina 180
Überbackene Champignons mit
　Knoblauch-Kräuter-Füllung 172
Überbackenes Brot mit Camembert,
　Walnüssen und gegrillter Tomate 36
Würzige Paneer-Bruschetta 12, 56, *57*

**Kekse**
Cookies mit weißer Schokolade,
　Vanille und Kirschen 238
Gewürzkekse 242

**Kichererbsen**
Bulgur-Kichererbsen-Salat
　mit Kräutern 19, 166, *167*
Orientalischer Kichererbsen-Pilaw
　mit Kräutern 166
Scharfe Kichererbsenpfannkuchen 38
Spinatsalat mit Hülsenfrüchten
　und Avocadodressing 88, *89*
Türkischer Kichererbsen-Bulgur-Pilaw 166
Überbackene Kichererbsen-Spinat-
　Töpfchen 88

**Kirschen**
Cookies mit weißer Schokolade,
　Vanille und Kirschen 238
Kirsch-Himbeer-Brûlée 238
Kirsch-Vanille-Brûlée 19, 238, *239*

**Kokosnuss/Kokosmilch**
Beschwipste Erdbeeren mit
　Limette und Kokos 274
Frittierte Bananen mit
　Limetten-Kokos-Panade 17, 274, *275*
Limetten-Kokos-Milchreis 274
Malaiischer Kokos-
　Gemüse-Eintopf 14, 194, *195*
Scharfe Nudeln mit
　Gemüse und Kokos 194
Schnelle asiatische Kokossuppe 194

**Kürbis**
Kürbis-Salbei-Tagliatelle 13, 184, *185*
Kürbis-Tomatensuppe mit Salbei 184
Schnelle Kürbis-Salbei-Ravioli 184

**Limetten**
Beschwipste Erdbeeren mit Limette
　und Kokos 274
Frittierte Bananen mit Limetten-Kokos-
　Panade 17, 274, *275*
Gebratene Mango mit
　Limette-Minze-Sirup 278
Geeiste Wassermelone mit Limette
　und Grenadine 268
Heiße karamellisierte Mangos
　mit Limette 278
Limetten-Kokos-Milchreis 274
Wassermelone mit Grenadine-Limetten-
　Sirup 17, 268, *269*
Wassermelonen-Spieße mit Limette-
　Minze-Sirup 268

**Linsen**
Linsen-Dal mit Tomaten und Spinat 154
Linsen-Pilz-Pilaw 112
Linsensalat mit Pilzen
  und Kirschpaprika 112, *113*
Pilau-Pilaw mit Spinat
  und grünen Linsen 86
Rote Linsensuppe mit Spinat 14, 86, *87*
Scharfe jamaikanische
  Maissuppe 16, 82, *83*
Scharfes Linsencurry mit Pilzen 112
Spinat-Dal mit Kirschtomaten 14, 154, *155*

**Mais**
Bohnen-Mais-Wraps 40
Gemischte Blattsalate mit Mais 60
Kartoffel-Mais-Pfanne
  mit roter Paprika 162
Mais-Frittata mit roter Paprika 162
Mais-Zucchini-Küchlein 60, *61*
Maiscurry mit roter Paprika 82
Maispuffer mit Acocadosalsa 15, 46, *47*
Maissalat Tex-Mex 16, 162, *163*
Nudelauflauf mit Zucchini-Mais-Creme 60
Reisnudel-Tofu-Salat
  mit Szechuanpfeffer 204
Rucola-Avocado-Salat mit Zuckermais 46
Scharfe jamaikanische Maissuppe
  16, 82, *83*
Scharfe Mais-Kartoffel-Pfanne 82
Schichttortilla mit Mais und Bohnen
  15, 40, *41*
Schnelle, scharfe Maissuppe 26
Zuckermais vom Grill mit Chilikräuterbutter
  16, 26, *27*
Zuckermais-Kräuter-Frittata 26

**Mango**
Mangotörtchen 250
Exotischer Fruchtsalat 266
Gebratene Mango
  mit Limette-Minze-Sirup 278
Heiße karamellisierte Mangos
  mit Limette 278
Mango-Lassi mit Kardamom 250
Mango-Minze-Carpaccio 278, *279*
Mango-Schichtdessert 250, *251*
Trifle mit Tropenfrüchten 266, *267*

**Nüsse**
Camembert-Fondue mit Honig
  und Walnüssen 12, 36, *37*
Chicorée mit Gorgonzola,
  Birne und Walnüssen 17, 28, *29*
Fruchtige, nussige Reispfanne 178
Gebackener Ziegenkäse mit Honig
  und Pistazien 12, 24, *25*

Limabohnen-Gemüseauflauf
  mit Nussstreuseln 14, 222, *223*
Limabohnen-Walnuss-Pastete 222
Pasta mit Camembert und Walnüssen
  36
Scharfer grüner Pilaw mit Walnüssen 80
Spinatsalat mit gegrilltem Feta
  und Pinienkernen 48
Überbackene Brote mit Ziegenkäse,
  Birne und Pistazie 24
Überbackenes Brot mit Camembert,
  Walnüssen und gegrillter Tomate 36

**Okra**
Scharfe Okra-Sticks 38

**Oliven**
Blitz-Ratatouille 15, 200, *201*
Gegrilltes Gemüse 200
Gurken-Oliven-Suppe mit Kräutern
  und Quinoa 138
Kräuter-Quinoa-Taboulé mit Oliven
  und Gurke 138
Marokkanischer Orangen-Oliven-Salat
  mit Feta 100
Pasta mit Minz-Oliven-Feta-Pesto
  und gegrilltem Gemüse 48
Salat mit Wassermelone, grünen Bohnen
  und Feta 12, 100, *101*
Sommeromelett auf griechische Art
  14, 130, *131*
Traditioneller griechischer Salat 130
Warmer Nudelsalat auf griechische Art 130

**Orangen**
Brombeer-Orangen-Creme 236
Feigen-Orangen-Salat mit Amaretto
  und Blauschimmelkäse 232
Fruchtiger Kartoffelsalat 17, 106, *107*
Joghurt-Smoothie mit
  Beeren und Orange 234
Marokkanischer Orangen-Oliven-Salat
  mit Feta 100
Schichtdessert mit Rhabarber, Orange
  und eingelegtem Ingwer 18, 256, *257*

**Pak Choi**
Gemüsepfanne mit Eiernudeln 84
Orientalische Reissuppe
  mit Gemüse und Ei 14, 84, *85*
Orientalischer Reissalat mit Pak Choi 84

**Paprika**
Bulgur-Topf mit gegrillten Paprika
  und Tomaten 30
Bulgursalat mit gegrillten Paprika
  auf Salatherzen 16, 30, *31*

Bulgursalat mit gegrillten Paprika
  und eingelegtem Gemüse 30
Couscoussalat mit Paprika
  und eingelegter Zitrone 17, 110, *111*
Eiernudelpfanne mit
  Paprika und Spinat 164
Eintopf aus Augenbohnen und roter
  Paprika 19, 126, *127*
Gegrillter Halloumi mit Paprika
  und Rucola 12, 116, *117*
Gegrillter Halloumi mit
  gegrillten Paprika 192
Gemüsebrühe mit grobem Couscous 100
Kartoffel-Mais-Pfanne mit
  roter Paprika 162
Linsensalat mit Pilzen
  und Kirschpaprika 116
Mais-Frittata mit roter Paprika 162
Maiscurry mit roter Paprika 82
Mediterraner Salat
  mit gegrillten Paprika 124
Paprika-Halloumi-Spieße 192
Räucherkäse-Quesadillas mit Paprika-
  Spinat-Füllung 12, 164, *165*
Scharfe Gemüse-Cheeseburger mit Spinat
  und Paprika 164
Tajine mit bunten Paprika 110
Tortellini mit roter und gelber Paprika 170
Tortelliniauflauf mit roter Paprika 170
Tortellini-Rucola-Salat mit gegrillten
  Paprika 13, 170, *171*

**Pasta**
Deftige Nudelsauce 78
Frischer Salsa-Pasta-Salat 58
Fruchtiger Nudelsalat 106
Griechischer Nudelreis mit Zucchini-
  Käsecreme 13, 128, *129*
Italienische Tortellinisuppe 102
Käsemakkaroni mit Spinat
  und Tomaten 140
Kräuter-Zitronen-Tagliatelle 216
Kürbis-Salbei-Tagliatelle 13, 184, *185*
Linguini mit Grünkohl-Pecorino-Pesto
  13, 144, *145*
Linguini mit Tomaten-
  Chili-Kräuter-Sauce 108
Marokkanische Gemüsesauce mit
  Wurzelgemüse 206
Nudel-Käse-Gratin mit Estragon 186
Nudelauflauf mit Brokkoli und
  Hülsenfrüchten 94
Nudelauflauf mit Büffelmozzarella
  und Pesto 52
Nudelauflauf mit Tomaten und Chili 152
Nudelauflauf mit Zucchini-Mais-Creme 60

Nudeln mit cremiger
   Pilz-Kräuter-Sauce 136
Nudeln mit frischen Tomaten
   und zweierlei Käse 220
Nudeln mit gebratenem Brokkoli und
   Blauschimmelkäse 210
Nudeln mit Tomaten-
   Spinat-Käse-Sauce 140
Nudelreissalat mit Kirschtomaten,
   Zucchini und Minze 128
Nudelsalat „Caesar's" 92
Nudelsalat mit Bohnen und Spinat 78
Nudelsalat mit Pesto und Antipasti 198
Nudelsalat mit Spinat, Kirschtomaten
   und Blauschimmelkäse 140, *141*
Pasta mit Camembert und Walnüssen 36
Pasta mit Halloumi, Rucola und
   Kirschtomaten 116
Pasta mit Kirschtomaten, Avocado
   und Mozzarella 90
Pasta mit Minz-Oliven-Feta-Pesto
   und gegrilltem Gemüse 48
Pasta mit Spargel, Bohnen und Pesto
   13, 148, *149*
Ravioli mit Süßkartoffeln, Tomaten
   und Rucola 13, 190, *191*
Ravioli-Süßkartoffel-Auflauf mit
   Kirschtomaten und Zitrone 190
Rigatoni mit frischen Tomaten, Chili,
   Knoblauch und Basilikum 13, 152, *153*
Rote-Bete-Pasta mit Kräutern
   19, 132, *133*
Rucola-Tomaten-Salat mit Ravioli 190
Schnelle Kürbis-Salbei-Ravioli 184
Schneller Pastasalat mit eingelegtem
   Gemüse 13, 102, *103*
Spaghetti mit cremiger Pilzsauce 172
Spaghetti mit Pesto
   und Kirschtomaten 198
Tomaten-Auberginen-Papardelle
   13, 160, *161*
Tortellini mit roter und gelber Paprika 170
Tortelliniauflauf 102
Tortelliniauflauf mit roter Paprika 170
Tortellini-Rucola-Salat mit gegrillten
   Paprika 13, 170, *171*
Warmer Nudelsalat auf griechische Art 130
Warmer Nudelsalat mit Zitrone und
   Brokkoli 13, 94, *95*

### Pesto
Blätterteigtarte mit Pesto und Antipasti
   15, 198, *199*
Linguini mit Grünkohl-Pecorino-Pesto
   13, 144, *145*
Linguini-Frittata mit
   Grünkohl und Pecorino 144

Mozzarellakugeln in Chilipanade
   mit frischem Pesto-Aioli 12, 52, *53*
Nudelauflauf mit Büffelmozzarella
   und Pesto 52
Pasta mit Minz-Oliven-Feta-Pesto
   und gegrilltem Gemüse 48
Pasta mit Spargel, Bohnen und Pesto
   13, 148, *149*
Spargel-Bohnen-Risotto mit Pesto 148
Spargel-Kartoffel-Salat mit Pesto 148
Tomaten-Pesto-Suppe 144

### Pfannkuchen
Bananenpfannkuchen mit Schokolade 240
Blaubeer-Cheesecake-Töpfchen 244
Blaubeerpfannkuchen 244, *245*
Crêpes mit Spargel und Fontina
   12, 180, *181*
Pfannkuchen mit Frühlingszwiebeln, Dill
   und Schnittlauch 15, 212, *213*
Pfannkuchen mit Kräutern und Pilzsahne
   18, 172, *173*
Ricotta-Pfannkuchen mit
   Schokoladensauce 242
Schottische Pfannkuchen mit Eis
   und Schokoladensauce 19, 242, *243*

### Pfirsiche
Pfirsich-Himbeer-Salat mit Zitronen-
   Mascarpone 254
Pfirsich-Himbeer-Zabaione 254
Schichtdessert mit Pfirsichen und
   Himbeeren 17, 254, *255*

### Pilze
Asiatische Soba-Shiitake-Suppe 168
Brokkoli und Pilze mit Nudeln in Schwarze-
   Bohnen-Sauce 14, 182, *183*
Brokkoli-Pilz-Pfanne
   mit schwarzen Bohnen 182
Cremige Estragonpilze auf Brioche-Toast
   19, 44, *45*
Deftige Pilzsuppe 14, 74, *75*
Deftige Pilzsuppe italienische Art
   mit Polenta 18, 136, *137*
Dicke Pilzsuppe mit Estragon 44
Linsen-Pilz-Pilaw 112
Linsensalat mit Pilzen
   und Kirschpaprika 112,*113*
Mischpilze auf gegrillter Polenta 136
Nudeln mit cremiger
   Pilz-Kräuter-Sauce 136
Omelett mit Pilzen, Lauch und Estragon 74
Orientalischer Reis mit Pilzen, Brokkoli
   und schwarzen Bohnen 182
Pfannkuchen mit Kräutern und Pilzsahne
   18, 172, *173*

Pilz-Estragon-Risotto 44
Pilzpfanne 74
Scharfes Linsencurry mit Pilzen 112
Spaghetti mit cremiger Pilzsauce 172
Überbackene Champignons mit
   Knoblauch-Kräuter-Füllung 172

### Pizza
15, 124, *125*, 160

### Polenta
18, 136, *137*

### Quinoa
Gurken-Oliven-Suppe mit Kräutern
   und Quinoa 138
Kräuter-Quinoa-Taboulé mit Oliven und
   Gurke 138, *139*
Quinoasalat mit Oliven, grünen Bohnen
   und Feta 100
Quinoa-Zucchini-Salat mit
   Granatapfelkernen 17, 118, *119*
Taboulé mit Quinoa und Salat 76
Warmer Quinoasalat mit gegrillten
   Zucchini und Aubergine 118

### Reis
Fruchtige, nussige Reispfanne 178
Gemüsereispfanne 15, 158, *159*
Gemüsereis mit Zitrone 216
Kachumbar-Basmati-Salat
   18, 108, *109*
Kedgeree mit gemischten Bohnen
   142, *143*
Kräuter-Zitronen-Risotto 216
Limetten-Kokos-Milchreis 274
Linsen-Pilz-Pilaw 112
Nasi Goreng 16, 196, *197*
Orientalische Reissuppe mit Gemüse
   und Ei 14, 84, *85*
Orientalischer Reis mit Pilzen, Brokkoli
   und schwarzen Bohnen 182
Orientalischer Reissalat mit Pak Choi 84
Orientalischer Kichererbsen-Pilaw
   mit Kräutern 166
Pikanter bunter Frucht-Pilaw 17, 178, *179*
Pikanter indonesischer
   Reiseierkuchen 196
Pilau-Pilaw mit Spinat
   und grünen Linsen 86
Pilz-Estragon-Risotto 44
Reis-Gemüse-Auflauf mit Käse 108
Reissalat mit Bohnen und Tomaten 142
Reissalat mit Kräutern 138
Scharfe Bohnensuppe mit Reis 142
Scharfer grüner Pilaw mit Walnüssen 80
Scharfer Rote-Bete-Pilaw 132

Schnelle, scharfe Reissuppe 196
Schnelles Risotto mit Rote Bete
 und Kräutern 132
Spargel-Bohnen-Risotto
 mit Pesto 148
Thai-Reis mit grünem Gemüse 134
Vegetarische Reispfanne 62
Warmer mediterraner Reissalat 124
Warmer Reissalat mit Wachteleiern 98

**Rhabarber**
Rhabarber-Crumble mit eingelegtem
 Ingwer 256
Rhabarber-Ingwer-Kompott 256
Schichtdessert mit Rhabarber, Orange
 und eingelegtem Ingwer 18, 256, *257*

**Rote Bete**
Apfel und Rote Bete aus dem Ofen 72
Apfel-Rote-Bete-Salat 72
Apfel-Rote-Bete-Suppe 17, 72, *73*
Colcannon (irischer Eintopf)
 mit Rote Bete und Schnittlauch 54
Kartoffel-Blinis mit Rote Bete
 und Schnittlauch 54, *55*
Rote-Bete-Pasta mit Kräutern
 19, *132*, *133*
Russischer Salat 114, *115*
Scharfer Rote-Bete-Pilaw 132
Schnelles Risotto mit Rote Bete
 und Kräutern 132

**Rucola**
Gegrillter Halloumi mit Paprika und Rucola
 12, 116, *117*
Pasta mit Halloumi, Rucola und
 Kirschtomaten 116
Ravioli mit Süßkartoffeln, Tomaten
 und Rucola 13, 190, *191*
Rucola-Avocado-Salat mit Zuckermais 46
Rucola-Tomaten-Salat mit Ravioli 190
Tortellini-Rucola-Salat mit gegrillten
 Paprika 13, 170, *171*

**Salat**
Blattsalat mit Erbsen, Tomaten
 und Frühlingszwiebeln 76
Bulgursalat mit gegrillten Paprika
 auf Salatherzen 16, 30, *31*
Erbsensuppe mit Salat und Estragon
 18, 76, *77*
Grüner Salat mit Spargel
 und Enteneiern 214
Taboulé mit Quinoa und Salat 76
Vegetarischer Caesar's Salad mit Kräuter-
 Knoblauch-Croûtons 18, 92, *93*

**Salatgurke**
Gurken-Oliven-Suppe mit Kräutern
 und Quinoa 138
Kachumbar-Basmati-Salat 18, 108, *109*
Kräuter-Quinoa-Taboulé mit Oliven
 und Gurke 138, *139*

**Salbei**
Kürbis-Salbei-Tagliatelle 13, 184, *185*
Kürbis-Tomaten-Suppe mit Salbei 184
Schnelle Kürbis-Salbei-Ravioli 184

**Schokolade**
Bananenpfannkuchen mit Schokolade 240
Beschwipste Schoko-
 Beeren-Töpfchen 276
Brownies mit Himbeersahne 272
Cookies mit weißer Schokolade, Vanille
 und Kirschen 238
Erdbeeren mit Schokoladenspitzen 258
Gefrorene Beeren mit helldunkler
 Schokoladensauce 248
Ricotta-Pfannkuchen mit
 Schokoladensauce 242
Schmelzende Schokoladensoufflés
 mit Himbeeren 272
Schokocroissants mit Erdbeeren 258
Schokoladenfondue mit Früchten
 und Marshmallows 15, 258, *259*
Schokoladen-Himbeer-Rolle 272, *273*
Schokoladentöpfchen 240
Schokoladenküchlein mit flüssigem Kern
 19, 240, *241*
Schottische Pfannkuchen mit Eis
 und Schokoladensauce 19, 242, *243*

**Spargel**
Crêpes mit Spargel und Fontina
 12, 180, *181*
Gebratener Spargel mit Kaperndressing
 und Enteneiern 214, *215*
Grüner Salat mit Spargel
 und Enteneiern 214
Pasta mit Spargel, Bohnen und Pesto
 13, 148, *149*
Pochierte Eier Florentine deluxe 18, 32, *33*
Spanische Tortilla mit Spargel
 und Rispentomaten 214
Spargel-Bohnen-Risotto mit Pesto 148
Spargel-Kartoffel-Salat mit Pesto 148
Spargelsoufflé mit Fontina
 und Kräutern 180
Spinat-Spargel-Tortilla 32
Überbackene Bruschetta mit Spargel
 und Fontina 180
Udon-Nudeln mit Spargel und Bohnen 218
Udon-Nudelpfanne mit Spargel 218, *219*

Udonnudel-Pfannkuchen mit gebratenem
 Spargel 218
Warmer Spargelsalat mit Spiegelei 32

**Spinat**
Deftige Bohnen-Spinat-Suppe 88
Deftige Nudelsauce 78
Eiernudelpfanne mit
 Paprika und Spinat 164
Käsemakkaroni mit
 Spinat und Tomaten 140
Linsen-Dal mit Tomaten und Spinat 154
Nudeln mit Tomaten-
 Spinat-Käse-Sauce 140
Nudelsalat mit Bohnen und Spinat 78
Nudelsalat mit Spinat, Kirschtomaten
 und Blauschimmelkäse 140, *141*
Palak Paneer
 (Spinat mit indischem Käse) 56
Pilau-Pilaw mit Spinat
 und grünen Linsen 86
Pochierte Eier Florentine deluxe 18, 32, *33*
Räucherkäse-Quesadillas mit Paprika-
 Spinat-Füllung 12, 164, *165*
Rote Linsensuppe mit Spinat 14, 86, *87*
Sautierte Spinatkartoffeln 50
Scharfe Gemüse-Cheeseburger mit Spinat
 und Paprika 164
Scharfes Kirschtomaten-Spinat-Curry 154
Spinat-Dal mit Kirschtomaten 14, 154, *155*
Spinat-Kartoffel-Eintopf 50
Spinat-Kartoffel-Tortilla 14, 50, *51*
Spinat-Spargel-Tortilla 32
Spinat-Tomaten-Curry mit Kokosmilch 86
Spinatsalat mit gegrilltem Feta und
 Pinienkernen 48
Spinatsalat mit Hülsenfrüchten und
 Avocadodressing 88, *89*
Spinatsalat mit Wachteleiern 98, *99*
Überbackene Kichererbsen-Spinat-
 Töpfchen 88

**Stangensellerie**
Asiatischer Farmersalat mit Sellerie 70
Scharfe Kartoffel-Sellerie-Pfanne 70
Würzige Kartoffel-Sellerie-Suppe
 16, 70, *71*

**Süßkartoffeln**
Orientalischer Kürbis-
 Süßkartoffel-Eintopf 96
Ravioli mit Süßkartoffeln, Tomaten
 und Rucola 13, 190, *191*
Ravioli-Süßkartoffel-Auflauf mit
 Kirschtomaten und Zitrone 190

**Tartes und Torteletts**
Blätterteigtarte mit Pesto und Antipasti 15, 198, *199*
Mangotörtchen 250
Frische Beerentorte 262, 263
Köstliche Zitronencremetarte 230
Tarte mit Tomaten, Camembert, Ziegenkäse und Kräutern 220, *221*
Tropenfruchttorte mit Vanillecreme 266

**Tofu**
Chinesische Gemüsepfanne nach Szechuan-Art 158
Reisnudel-Tofu-Salat mit Szechuanpfeffer 204
Scharfe Szechuan-Pfanne mit Tofu und Gemüse 16, 204, *205*
Tofupfanne nach Szechuan-Art 204
Udon-Nudeln mit Spargel und Bohnen 218
Vegetarisches Phad Thai 16, 186, *187*

**Tomaten**
Blattsalat mit Erbsen, Tomaten und Frühlingszwiebeln 76
Blitz-Ratatouille 15, 200, *201*
Bohnen-Tomaten-Chili 14, 146, *147*
Bruschetta mit Chili, Tomaten und Rosmarinbohnen 16, 42, *43*
Bruschetta mit gemischten Bohnen, Tomaten und Chili 146
Bulgur-Topf mit gegrillten Paprika und Tomaten 30
Deftige Nudelsauce 78
Fatousch-Salat 104, 105
Frischer Salsa-Pasta-Salat 58
Frühlingszwiebel-Rösti mit Avocado-Zwiebel-Tomatensalsa 58, *59*
Gegrilltes Gemüse 200
Herzhafte Minestrone 19, 78, *79*
Italienisches Ciabatta mit Kirschtomaten, Avocado und Mozzarella 90
Kachumbar-Basmati-Salat 18, 108, *109*
Käsemakkaroni mit Spinat und Tomaten 140
Kürbis-Tomatensuppe mit Salbei 184
Linguini mit Tomaten-Chili-Kräuter-Sauce 108
Mexikanische Sauce 150
Mexikanische überbackene Tortillachips 146
Nudelauflauf mit Tomaten und Chili 152
Nudeln mit frischen Tomaten und zweierlei Käse 220
Nudeln mit Tomaten-Spinat-Käse-Sauce 140
Nudelreissalat mit Kirschtomaten, Zucchini und Minze 128

Nudelsalat mit Spinat, Kirschtomaten und Blauschimmelkäse 140, *141*
Pasta mit Halloumi, Rucola und Kirschtomaten 116
Pasta mit Kirschtomaten, Avocado und Mozzarella 90
Ravioli mit Süßkartoffeln, Tomaten und Rucola 13, 190, *191*
Ravioli-Süßkartoffel-Auflauf mit Kirschtomaten und Zitrone 190
Reissalat mit Bohnen und Tomaten 142
Rigatoni mit frischen Tomaten, Chili, Knoblauch und Basilikum 13, 152, *153*
Salat mit gegrillter Aubergine, Tomate und Basilikum 160
Scharfes Kirschtomaten-Spinat-Curry 154
Scharfe Tomaten-Bohnen-Suppe 42
Sommeromelett auf griechische Art 14, 130, *131*
Spaghetti mit Pesto und Kirschtomaten 198
Spanische Tortilla mit Spargel und Rispentomaten 214
Spiegeleier im Western-Stil 14, 150, *151*
Spinat-Dal mit Kirschtomaten 154, *155*
Spinat-Tomaten-Curry mit Kokosmilch 86
Tarte mit Tomaten, Camembert, Ziegenkäse und Kräutern 220, *221*
Tomaten-Auberginen-Papardelle 13, 160, *161*
Tomaten-Auberginen-Pizza mit Mozzarella 160
Tomaten-Chili-Basilikum-Sauce ohne Kochen 152
Tomatencurry mit Eiern 224
Tomaten-Pesto-Suppe 144
Tomaten-Tapenade-Baguette mit zweierlei Käse 220
Tomatensalat Caprese mit Mozzarellakugeln 52
Traditioneller griechischer Salat 130
Überbackenes Brot mit Camembert, Walnüssen und gegrillter Tomate 36
Warmer Nudelsalat auf griechische Art 130
Würzige Paneer-Bruschetta 12, 56, *57*

**Tropenfrüchte**
Exotischer Fruchtsalat 266
Trifle mit Tropenfrüchten 266, *267*
Tropenfruchttorte mit Vanillecreme 266

**Vanille**
Cookies mit weißer Schokolade, Vanille und Kirschen 238
Kirsch-Vanille-Brûlée 19, 238, *239*

**Wachteleier**
Spinatsalat mit Wachteleiern 98, *99*

**Wassermelone**
Geeiste Wassermelone mit Limette und Grenadine 268
Wassermelone mit Grenadine-Limetten-Sirup 17, 268, *269*
Wassermelonen-Spieße mit Limette-Minze-Sirup 268

**Zitrone**
Couscous mit Zitrone und Kräutern 202
Couscoussalat mit Paprika und eingelegter Zitrone 17, 110, *111*
Gemüsereis mit Zitrone 216
Köstliche Zitronencremetarte 230
Kräuter-Zitronen-Risotto 216
Kräuter-Zitronen-Tagliatelle 216
Pfirsich-Himbeer-Salat mit Zitronen-Mascarpone 254
Ravioli-Süßkartoffel-Auflauf mit Kirschtomaten und Zitrone 190
Schichtdessert mit Beeren und Zitrone 262
Schichtdessert mit Zitronenbaiser und Blaubeeren 230
Schnelle Mini-Zitronenbaiser-Tartes 15, 230, *231*
Warmer Nudelsalat mit Zitrone und Brokkoli 13, 94, *95*

**Zucchini**
Blitz-Ratatouille 15, 200, *201*
Gefüllte Zucchiniröllchen 34
Griechischer Nudelreis mit Zucchini-Käsecreme 13, 128, *129*
Mais-Zucchini-Küchlein 60, *61*
Nudelauflauf mit Zucchini-Mais-Creme 60
Nudelreissalat mit Kirschtomaten, Zucchini und Minze 128
Quinoa-Zucchini-Salat mit Granatapfelkernen 17, 118, *119*
Sommeromelett auf griechische Art 14, 130, *131*
Warmer Quinoasalat mit gegrillten Zucchini und Aubergine 118
Zucchini-Frühlingszwiebel-Pfanne 118
Zucchinipfanne mit Frühlingszwiebeln und Chili 128

**Zuckerschoten**
Grünes Gemüsecurry 18, 134, *135*
Milde Thai-Suppe mit grünem Gemüse 134
Thai-Reis mit grünem Gemüse 134

## Für die englische Ausgabe

Chefredakteurin: Eleanor Maxfield
Leitende Redakteurin: Leanne Bryan
Lektorat: Nikki Sims
Art-Direktor: Jonathan Christie
Designkonzept und Layout: www.gradedesign.com
Grafik & Bildbearbeitung: Juliette Norsworthy & Mark Kann
Fotos: Will Heap
Rezepte: Sunil Vijayakar
Food-Styling: Isabel de Cordova
Produktionsleitung: Katherine Hockley